KB129820

항행력

항행력

ON FREEDOM

인생의 올바른 경로를 찾아 주는 넛지의 힘

캐스 R. 선스타인 지음 | 박세연 옮김

ON FREEDOM
by CASS R. SUNSTEIN

일러두기
• 이 책의 각주는 모두 옮긴이주입니다.

이 책은 실로 꿰매어 제본하는 정통적인 사철 방식으로 만들어졌습니다.
사철 방식으로 제본된 책은 오랫동안 보관해도 손상되지 않습니다.

차례

들어가며

사과를 깨물다

선택의 자유가 인간의 행복도를 높여 줄까? 많은 이들이 이 물음에 그렇다고 생각한다. 그들은 개인이야말로 각자의 행복을 높여 줄 훌륭한 판단을 내리는 최고의 재판관이라고 믿는다. 곧 모두가 각자의 판단에 따라 삶의 방향을 정하도록 허용해야 한다는 것이다. 물론 다른 사람에게 피해를 끼치지 않는 한도 내에서 말이다.

그런데 사람들이 방향을 결정하지 못한다면, 즉 어느 쪽을 선택해야 할지 모르는 경우라면 어떨까?

항행력*이라는 개념은 우리 모두에게 중요한, 어쩌면 삶에서 가장 중대한 문제이다.

* navigability. 원하는 목적지에 효율적으로 도달할 수 있는 능력.

생각해 보자. 초보 여행자가 낯선 도시나 공항을 돌아다니는 일은 힘들다. 평범한 시민이 의료보험 시스템이나 사법 체계를 이해하는 것 역시 쉽지 않다. 다시 말해 항행력이 낮을 때 사람들의 자유는 위축된다. 그들은 가고자 하는 곳에 제대로 도달하지 못하고 특정한 목적지(주유소나 은행, 병원)를 찾을 때뿐만 아니라, 특정한 목표(건강, 비자, 좋은 거주지, 안전, 경제적 안정, 충만한 관계, 좋은 일자리)를 추구할 때도 어려움을 겪는다.

항행력을 가로막는 장애물은 우리 삶에서 자유를 저해하는 주요 원천이다. 그 장애물은 사람들을 옭아매어 좌절에 빠뜨리고, 부유한 나라는 물론 가난한 나라에서도 곧잘 사람들의 행복을 위협한다. 물론 선택의 자유는 중요하다. 대단히 중요하다! 그러나 우리가 삶을 제대로 헤쳐 나갈 수 없을 때, 선택의 자유는 위축되거나 파괴된다. 지금까지 서구 철학사에서 항행력을 가로막는 장애물은 하나의 사각지대였다. 이제는 철학자와 정치학자는 물론 경제학자, 심리학자, 도시 설계자, 건축가, 컴퓨터 과학자, 법률가, 공무원, 기업 및 일반 시민들까지도 이러한 장애물에 꾸준한 관심을 기울여야 한다.

사람들이 자기통제 문제에 직면할 때 항행력은 특히 힘든 과제가 된다. 누군가 자기통제에 실패하면 그의 자유는 크게 훼손된다. 가령 흡연이나 음주, 과식, 도박, 약물 중독의 경우가 그렇다. 물론 중독은 극단적인 경우일 테지만, 우리는 온갖 곳에서 자기통제 문제를 발견할 수 있다.[1] 자기통제 문제를 극복하기 어렵게 만드는 것은 〈현재 편향present bias〉이다. 사람들은 종종 내일보다 오늘에 더 집중한다. 다시 말해, 단기적인 쾌락은 추구하고 단기적인 고통은 피하고자 한다. 그러한 선택이 그들의 삶 전반을 더 나쁘게(덜 의미 있게) 만든다고 해도 말이다. 동시에 사람들은 종종 자신이 현재 편향에 따른 실수를 저지른다는 사실을 잘 알고 있기 때문에 도움을 요청한다. 곧, 올바른 지침을 필요로 한다. 만약 그들에게 적절한 개입이 주어진다면 자기통제 문제를 더 쉽게 해결할 수 있을 것이다. 그 일은 개인의 자유를 희생하지 않고서도 가능하며, 어떤 측면에서는 오히려 자유를 더 높여 주기도 한다.

이 책에서 나는 항행력이라는 개념에 주목하려고 한다. 동시에 자유와 행복과 관련해서 이와 같은 질문을 던지고자 한다. 〈사회 환경이 사람들의 자유로운 선택에 중대한 영향을 미친다면? 그리고 그 결과에 사람들이 만족한다면? 이 경우 사회 환경을 설계하는 사람들(고용주, 교사, 의사, 투자 자문, 기업, 정부)은 어떻게 행동해야 할까?〉 앞으로 살펴보겠지만, 이 질문은 대단히 까다로우면서도 중요하다.

많은 경우에 자유로운 선택은 중대한 차이를 만들어낸다. 비록 그 선택이 우연의 산물, 혹은 아주 사소해 보이는 요소라 해도 말이다. 가령 고등학교에서 우연히 선택한 과목이 인생을 바꿔 놓기도 한다. 아무 생각 없이 간 파티에서 누군가를 만나 결혼하기도 한다. 혹은 업무 관련 계약이 취소되면서 친구를 보러 외딴 도시에 방문했는데, 그곳이 너무나 마음에 들어 아예 눌러 살 수도 있다.

공상 과학 소설 작가들(철학자나 역사가와 더불어)은 종종 〈평행 이론〉이나 〈역사적 가정〉을 소재로 글을 쓴다. 나도 이와 비슷한 이야기를 다루지만, 내 경우엔 좀더 구체적이다. 즉, 사회 환경의 일부 특성이 사람들로하여금 옵션 A, 옵션 B, 옵션 C, 옵션 D를 선택하도록 유도하고, 그들이 〈무엇을 선택하든〉 결국에는 만족하는 사례를 살펴본다.

사실 우리는 이러한 사례를 어렵지 않게 발견할 수 있다. 예를 들어 사람들이 악의 없는 사회적 신호(웹 사이트의 글씨체나 글씨 색상과 같은)의 결과로 특정한 의료 보험 상품을 선택하고 이에 만족하는 경우를 상상해 볼 수 있다. 이러한 사례는 삶의 중대한 국면에서도 발견할 수 있다. 예를 들어 악의 없는 사회적 신호(광고나 미소, 격려의 말, 최소 저항 경로)의 결과로 어떤 선택을 하고, 그렇게 선택한 도시나 배우자, 혹은 경력에 만족하는 사례를 떠올려 볼 수 있다. 자유로운 선택이 서로 다른 방향으로 나아가는 까다로운 사례에서, 우리는 무엇이 사람들의 행복을 높일 것인지에 관한 질문을 던지고 그 결과를 평가해야 한다. 적어도 사회 환경의 설계자(고용주, 의사, 정부)가 특정 형태의 사회 환경을 설계하기 위해 고민하고 있다면, 이러한 질문을 피할 도리는 없다.

낯선 냄새

다음의 두 이야기는 이 책의 논의 기반을 이해하는 데

도움을 줄 것이다.

첫 번째는 누구나 다 아는 이야기다.

여자가 그 나무를 본즉 먹음직도 하고 보암직도 하고 지혜롭게 할 만큼 탐스럽기도 한 나무인지라 여자가 그 열매를 따먹고 자기와 함께 있는 남편에게도 주매 그도 먹은지라. 이에 그들의 눈이 밝아져 자기들이 벗은 줄을 알고 무화과나무 잎을 엮어 치마로 삼았더라.[2]

두 번째는 자유를 주제로 한 A. S. 바이어트 A. S. Byatt 의 위대한 소설 『소유*Possession*』(1990)의 한 대목이다. 주인공이 운명적인 선택을 내린 이후의 장면이다(그렇다. 이 책엔 연애 이야기가 나온다).

아침이 되자 세상은 새롭고 진기한 내음으로 가득했다. 그것은 폭풍 뒤에 찾아오는 내음이었다. 푸르름의 내음, 찢긴 나뭇잎과 새어 나온 송진의 내음, 부러진 나무와 흩뿌려진 수액의 내음, 썩은 사과에서 풍기는 듯한 시큼한 내음, 죽음과 파괴의 내음이자 신선함

과 활기와 희망의 내음이었다.[*3]

「창세기」에 나오는 아담과 이브는 선택의 자유를 실행에 옮겼고, 그로 인해 모든 것을 잃었다(많은 것을 얻기도 했지만). 바이어트 역시 선택의 자유와 몰락에 대해 이야기한다. 둘 다 겹치는 부분이 있기는 하지만, 바이어트의 이야기가 좀 더 낙관적이다. 죽음과 파괴의 냄새가 존재하지만, 동시에 생명과 희망의 기운으로 가득하다. 우리 모두는 분명히 그러한 냄새를 만끽할 만큼 축복받은 존재다.

그런데 자유로운 선택이 정말로 사람들의 삶을 행복하게 만들어 줄까? 자유주의 철학 전통[4]은 이 질문에 명료한 대답을 내놓는다. 〈그렇다〉라고. 반면 예술가와 소설가, 심리학자, 신학자는 좀 더 복잡한 대답을 내놓는다. 그리고 당연하게도 자유주의 전통의 답변은 지나치게 단순하다고 주장한다.

사람들은 때로 그들이 원하는 목적지에 어떻게 가야

---

* 이 책에 나오는 『소유』의 모든 인용은 다음을 참조했다. 앤토니어 수잔 바이어트, 『소유』, 윤희기 옮김, 열린책들, 2010.

할지 모른다. 그리고 아담과 이브처럼 유혹의 시험을 받기도 하고, 종종 자기통제의 어려움을 겪는다. 여기서 그들이 처한 전반적인 상황은 중요한 역할을 한다. 그리고 그들의 선택은 가장 심오한 차원에서 자신의 선택이 아닐 수도 있다. 그들은 박탈당하거나 속거나, 혹은 이용당하기도 한다. 때로는 중요한 정보도 놓친다. 이렇게 보면, 사람들의 선호는 부조리와 박탈의 결과물이기도 하다. 그들은 간혹 중대한 실수를 저지르고, 그 때문에 삶은 더 나빠진다.

논의를 더 진전시키기 위하여, 이 책은 리처드 탈러 Richard Thaler와 내가 〈넛지〉라고 부르는 개념에 폭넓게 초점을 둘 것이다.[5] 넛지란 선택의 자유를 침범하지 않으면서도 사람들을 특정한 방향으로 유도하는 개입을 말한다. 한편 나는 강압에 관해서도 살펴볼 것이다.

그러나 항행력을 주제로 다룬다고 해서, 이 책에서 자유와 관련된 문제를 너무 심도 깊게 파고들 생각은 없다. 예를 들어 〈부정적 자유〉와 〈긍정적 자유〉의 차이에 대해 논할 생각이 없으며, 표현의 자유와 종교의 자유에 대해서도 논하지 않을 것이다. 존 스튜어트 밀John Stuart

Mill의 〈위해 원칙〉*에 대한 최종 판단을 내리지도 않을 것이다.[6] 물론 정부가 부여한 재산권이야말로 자유의 핵심, 또는 자유의 요약본이라는 주장도 살펴볼 생각이 없다. 다만 이 책을 통해 바라는 바가 있다면, 인간이 처한 조건과 오랫동안 지속해 온 문제를 새로운 관점에서 바라볼 수 있도록 하는 것이다. 특히 일부 문제는 오늘날 급박한 과제로 떠오르고 있다.

---

* Harm Principle. 또는 〈타자 피해의 원칙〉. 개인의 자유는 타인에게 피해를 주는 않는 한 제한될 수 없다는 원칙이다.

1장

도대체 물이 뭐예요?

소설가 데이비드 포스터 월리스David Foster Wallace의 이야기 중에 이런 게 있다.

두 어린 물고기가 헤엄을 치다가 나이 많은 물고기를 만난다. 나이 든 물고기는 고개를 끄덕이며 아이들에게 이렇게 말한다. 「안녕 얘들아, 물은 좀 어떠니?」 잠시 후 두 어린 물고기는 서로를 쳐다보며 이렇게 묻는다. 「그런데 도대체 물이 뭐예요?」[*1]

이는 〈선택 설계choice architecture〉, 즉 선택이 이뤄지는

* 원문은 How's the water?

제반 환경에 관한 이야기다. 선택 설계는 우리의 인식과
는 상관없이 어느 상황에서건 존재하며, 우리의 선택에
강력한 영향을 미친다. 선택 설계는 물고기가 사는 물속
과 같다. 날씨도 그 자체로 하나의 선택 설계이다. 사람
들의 판단에 영향을 미치기 때문이다. 예를 들어 눈 오는
날에 사람들은 평소에는 별 관심을 기울이지 않던 사륜
구동 자동차를 알아본다. 하지만 눈이 그치면 그 관심도
사라진다.[2] 인간은 모두 날씨의 영향 아래서 살아간다.

자연은 우리에게 일종의 선택 설계를 제공한다. 이는
공공이나 민간 부문에서도 마찬가지다. 계약법law of
contract은 일종의 규제 시스템으로서 우리 삶에 영향을
미친다. 비록 계약법이 상당한 융통성을 허용하고 선택
의 자유를 위한 많은 여지를 남겨 두지만 말이다. 예를
들어 계약법에 포함된 〈임의규정default rule〉은 계약상 논
쟁적인 질문에 특별한 명시가 없을 때 일어나게 될 일을
구체적으로 정의한다. 계약서에서는 종종 침묵되는 사
항들이 많기 때문에, 임의규정은 중요한 영향을 미친다.

사람들이 모두 선택의 자유를 좋아한다고 주장할 수
는 있지만, 그럼에도 선택 설계가 완전히 사라지길 바랄

수는 없다. 온라인이든 오프라인이든 세상의 모든 매장은 일부 제품을 먼저 보여 주고 다른 제품을 나중에 보여 준다(또 다른 제품은 거의 눈에 띄지 않는 곳에 배치한다). 레스토랑의 메뉴 역시 다양한 요리를 다양한 위치에 배열한다. TV 채널에는 저마다 특정한 숫자가 할당되고, 이 숫자는 강력한 위력을 발휘한다. 사람들은 낮은 숫자의 채널을 선호하는 경향이 있다.[3] 모든 웹 사이트는 특정한 설계 방식으로 이뤄지며, 그 방식은 사람들이 무엇을 선택할지, 어느 것을 선택할지에 영향을 미친다. 웹 사이트 설계 방식을 다룬 책들 중에는 『(사용자를) 생각하게 하지 마! *Don't Make Me Think, Revisited*』[4]라는 책이 있다. 그 제목은 항행력의 중요성을 암시한다. 이 책의 설명에 따르면, 최고의 웹 사이트란 돌아다니기 너무 쉬워서 사용자가 거기를 돌아다니고 있다는 사실조차 인식하지 못하는 그런 사이트를 말한다.

물론 선택 설계를 협소한 의미로 정의해서 의도적인 인공물로 범위를 한정할 수도 있다. 여기에 그 정의를 배제하는 고유한 인간의 언어는 없고, 나는 의도된 설계에 강조점을 둘 것이다. 하지만 사람들이 언제, 어떻게 영향을 받는지 이해하고자 한다면, 정의의 범위를 더 확대해야 할 것이다. 우리의 선택은 종종 맑은 날씨, 예상치 못한 추위, 돌풍, 가파른 언덕, 낭만적인 보름달 등 인간이 전혀 책임질 수 없는 모든 설계의 인공물이다.

넛지

넛지는 선택의 자유를 온전히 보존하면서 사람들의 의사결정을 특정한 방향으로 몰아가는 개입 방식이다. 일상생활 속 넛지로는 내비게이션을 들 수 있다. 내비게이션은 운전자의 자유를 존중한다. 운전자는 내비게이션의 안내를 얼마든지 무시할 수 있다. 경치가 더 좋은 길을 선택할 수도 있고, 유명 랜드마크를 둘러보는 경로를 선택할 수도 있다. 그럼에도 내비게이션은 운전자가 원하는 목적지에 도착할 수 있도록 도움을 준다. 즉, 항행력을 높여 준다.

수많은 다양한 넛지의 목표는 비슷하다. 넛지는 암시를 준다. 예를 들어 레스토랑 메뉴의 칼로리 표시, 혹은 납부일이 임박했다거나 진료 예약이 내일이라는 정보를 알려 주는 문자 메시지가 그렇다. 퇴직연금 자동 가입 제도, 컴퓨터와 휴대전화의 기본 설정, 신용카드 결제 및 대출금 자동 납부 시스템 또한 마찬가지다. 정부의 영역으로 넘어오면, 담뱃갑의 시각적 경고, 에너지 효율이나 연비의 의무 표기, 식품 영양소 표기, 복지제도 자동 가입 시스템이 모두 넛지 사례에 해당한다. 이들 모두 일종의 선택 설계다. 형태는 달라도 모두 넛지다.

넛지에 찬성하는 이들은 인간은 종종 중요한 정보를 충분히 확보하지 못하고, 관심사가 제한되어 있으며, 자기통제 문제와 행동 편향으로 어려움을 겪는다는 사실에 주목한다. 〈현재 편향〉에 대해서는 앞서 살펴봤다. 또한 사람들은 미루기 습관이 있고, 관성은 많은 사람들에게 강력한 힘을 발휘한다. 게다가 우리는 종종 어떤 사안에 대해 비현실적으로 낙관하거나 지나친 확신에 가득 차 있다. 그 결과 위험을 과장하거나 과소평가하기도 한다. 이러한 환경에서 넛지는 큰 힘이 된다. 넛지는 정보 부족이나 행동 편향으로 어려움을 겪는 이들의 삶을 개선해 주고, 그렇다고 해서 그런 곤경에 빠진 사람에게 피해를 입히는 것도 아니다. 넛지를 지지하는 핵심 근거는 삶의 항행력을 높여 준다는 데 있다.

반면 많은 정책은 〈명령〉과 〈금지〉의 형태를 취한다. 예를 들어 형법은 절도와 폭행을 금지한다. 이를 통해 사람들이 마음대로 행동하도록 허용하지 않는다. 다른 정책은 〈경제적 보상(혹은 불이익)〉의 형태를 취한다. 재생 가능한 연료에 대한 보조금, 특정 활동에 따른 요금, 혹은 휘발유와 담배에 부과하는 세금이 그렇다. 이러한 정책도 중요한 기능을 하지만, 넛지와는 다르다. 명령과 금지는 적어도 강압이라는 점에서 선택의 자유를 빼앗는다. 보상은 선택의 자유를 보호하면서도 동시에 왜곡한다. 넛지도 특정한 행동을 유도하지만, 직접적인 물질적 보상이나 경제적 혜택을 제공하지는 않는다.

최근 행동 연구에 기반한 정책의 주요 목표는 민간 및 공공 분야의 다양한 개입이 선택과 결과에 결정적으로 영향을 미치는 일종의 선택 설계라는 사실을 보여 주는 것이었다. 오늘날 여러 정부가 선택의 자유를 보존한다는 장점 때문에 넛지에 큰 관심을 보이고 있으며, 실제로 넛지 유닛Nudge Units이나 행동통찰팀Behavioral Insights Team과 같은 조직을 운영함으로써 국민의 건강과 안전을 도모하는 등 중요한 목표를 달성하기 위해 노력하고 있다.[5] 미국

이나 영국, 네덜란드, 아일랜드, 덴마크, 싱가포르를 비롯한 여러 많은 나라에서 넛지는 국민들의 삶에 실질적인 영향을 미치고 있다.

예를 들어 무료 급식 프로그램에 대한 자동 가입 제도 덕분에 미국에서 1천만 명 이상의 학생이 학기 중에 아침과 점심 식사를 무료로 할 수 있게 되었다. 저축과 관련해서, 퇴직연금 프로그램에 대한 자동 가입 제도 덕분에 연금 가입률이 크게 증가하고 있다.[6] 그리고 2010년부터 실행되고 있는 신용카드법은 사용자 집단에게 연간 1백억 달러 이상을 절약하도록 도움을 주고 있다. 이러한 결과의 상당 부분은 넛지나 넛지와 비슷한 개입으로부터 비롯되었다.[7]

현재 초기, 혹은 논의 단계에 있는 많은 넛지들 또한 중요한 영향을 미칠 것으로 기대를 모으고 있다. 가령 근로 장려 세제*는 전 세계의 빈곤 퇴치를 위한 가장 효과적인 프로그램 중 하나다. 하지만 그 프로그램의 대상이

---

* Earned Income Tax Credit. 저소득층 근로 소득자를 대상으로 근로 장려금을 세금 환급 형태로 지원해 주는 제도. 저소득 계층의 일정 소득 구간에서는 일을 열심히 할수록 근로 장려금 지급액이 많아져서 근로 활동을 촉진하고 조세를 통한 소득 재분배의 효과를 낼 수 있다.

되는 많은 이들이 가입을 하지 않고 있는데, 이러한 상황에서 자동 가입 제도는 수백만 명의 삶에 중대한 영향을 미칠 수 있다. 역시 많은 국가에서 시행하는 유권자 자동 등록 제도는 수많은 이들을 선거권자로 전환시켜 줄 것이다. 만약 온실가스 배출 감소가 목표라면, 녹색 에너지 자동 등록 제도가 커다란 효과를 가져올 것이다.

그러나 세계적인 문제(빈곤 구제, 폭력 근절, 보건 개선 등)와 관련해서 넛지 활용은 아직 초기 단계에 머물러 있다. 우리는 앞으로 더 많은 넛지를 보게 될 것이며, 그 영향은 결코 작지 않을 것이다. 내가 여기서 강조하고 싶은 바는 넛지는 사람들의 자유로운 선택권을 보장한다는 것이다. 넛지가 유도하는 방향이 마음에 들지 않으면 사람들은 얼마든지 자신이 좋아하는 길을 선택할 수 있다.

정부에 대한 우려

많은 이들이 특히 한 가지 이유로 넛지에 반대한다. 바로 정부에 대한 우려다. 가령 공무원도 얼마든지 무능하고, 이기적이고, 부주의하고, 부패할 수 있다. 혹은 싫

26

어하는 정치인이 나라를 다스릴 수도 있다. 그럴 때 사람들이 과연 넛지를 원할 것인가? 게다가 이익 집단이 그들이 원하는 방향으로 정부에 압력을 행사할 수 있다면, 혹은 공무원이 중요한 정보를 충분히 확보하고 있지 못하다면, 사람들은 이렇게 외칠 것이다. 〈넛지를 하지 말라!〉 상황이 이렇다면, 차라리 시장에 맡겨 두는 편이 더 나아 보인다.

행동 과학은 이러한 문제점을 분명하게 보여 준다. 공무원이라고 해서 행동 편향에서 면역되어 있다고 볼 근거는 없다. 민주주의 사회에서 선거 담합은 일반인에게 영향을 미치는 편향이 정치인에게도 그대로 적용된다는 사실을 보여 준다. 물론 구조적 안전망은 도움이 된다. 특히 그러한 안전망이 논의와 숙고를 촉진하도록 설계되고, 과학에 근거를 두고 비용과 편익에 대한 세심한 주의를 기울이는 기술 관료가 중요한 역할을 맡고 있다면 더욱 그렇다. 그럼에도 불구하고 행동 편향은 현실적으로 매우 피하기 힘든 위험이다.

이는 타당하고도 매우 중요한 지적이다. 그러나 앞서 살펴봤듯이, 이러한 주장은 논리적으로 문제를 안고 있다. 이미 수많은 넛지가 불가피해졌다. 정부는 온라인 혹은 오프라인에서 넛지를 한다. 법률을 통해 계약과 재산, 불법 행위를 규정할 때, 이는 그 자체로 일종의 넛지다. 사람들이 아무런 선택을 하지 않을 때 벌어질 일을 정의하는 임의규정을 마련하는 것이기 때문이다. 사회주의를 강하게 비판한 프리드리히 하이에크Friedrich Hayek는 경쟁 시스템을 구축함으로써 〈정부 활동을 위한 광범위하고 이론의 여지가 없는 영역〉을 제공할 수 있다고 주장했다. 〈합리적 차원에서 옹호할 수 있는 체제가 없다면 정부는 아무것도 할 수 없기 때문이다. 효율적인 경쟁 시스템을 구축하기 위해서는 무엇보다 합리적으로 설계된, 그리고 지속적으로 수정 가능한 법률 기반이 필요하다.〉[8]

하이에크가 이해한 것처럼, 사유재산을 보호하고 계약을 강제하는 정부는 여러 가지 기본권을 포함하여 다양한 금지와 허용을 규정해 둬야 한다. 이러한 것들은 정부가 제대로 기능하고 있다면 빙산의 일각에 불과하다. 이러한 점에서 〈넛지를 하지 말라!〉라는 외침은 적어도 무정부주의를 신봉하지 않는 한 의미가 없는 말이다.

넛지는 선택의 자유를 보호하기 때문에 공적 실수에 대한 일종의 안전밸브 기능을 제공한다. 넛지를 옹호하는 사람들은 정부를 신뢰하지 않는다. 그리고 공무원이 행동 편향을 드러내거나, 혹은 실수를 저지를 위험에 대해서 경계한다. 정부를 불신하거나 정부 정책에 우려스러운 눈길을 보내는 사람들은 명령이나 금지, 보조금, 세금에 주목한다. 분명하게도 넛지를 철저한 검토 없이 자유롭게 내버려 둬서는 안 된다.

물론 일부 넛지는 선택 가능하다. 정부는 흡연과 약물 중독, 운전 중 부주의와 관련하여 경고 메시지를 보낼 수도, 그렇지 않을 수도 있다. 사기와 조작으로부터 소비자를 보호할 수도, 그렇지 않을 수도 있다. 또한 공교육 캠페인을 실시할 수도, 그렇지 않을 수도 있다. 이 모든 경우에서 정부를 불신하는 이들은 넛지를 반대할 것이다.

개략적으로 말하면, 이러한 입장은 완전히 배제할 수 없다. 공무원의 역량과 동기를 비관적인 관점에서 바라볼 때, 그리고 민간 영역의 역량과 동기를 긍정적인 관점에서 바라볼 때 공공 분야의 넛지는 최대한 줄여야 한다. 그러나 민간 영역도 마찬가지로 넛지를 한다. 넛지의 주체는 사람들의 행동 편향을 이용함으로써 자신의 이익을 도모하고, 많은 이들에게 피해를 입힐 수 있다. 정부가 흡연이나 운전 중 부주의를 억제하기 위한 프로그램을 실행해서는 안 된다는 주장이 훌륭한 생각일까? 우리는 어쨌든 실제 넛지에 대한 공식 기록 속에서 인상적인 성공 스토리를 발견할 수 있다. 비용 효율성을 기준으로 성공을 평가할 때, 넛지는 때로 최고의 접근 방식인 것으로 보인다.[9]

정부의 다른 개입과 마찬가지로, 우리는 넛지 또한 투명성과 공적 논의, 독립적 감시(넛지가 효과적으로 작동하는지에 대한 지속적인 평가를 포함해서)와 같은 민주적 요구 사항에 의해 제약을 받아야 한다는 주장에 동의해야 할 것이다. 넛지는 개인의 권리를 존중해야 한다. 이러한 형태의 제약을 통해 넛지를 포기하지 않으면서도 위험성은 낮출 수 있다. 여기서 중요한 사실은 명령과 금지와 같은 강압적인 접근 방식에 따른 위험이 훨씬 더 크다는 점이다.

자기 판단에 따라

일부 넛지는 부정적인 외부효과, 즉 제삼자에게 미치는 부정적인 영향을 줄이기 위해 설계된다. 가령 환경에 대한 관심을 자극하기 위한 연비 표시, 혹은 사람들이 녹색 에너지 프로그램에 자동 가입하도록 만드는 기본 설정이 이러한 넛지에 해당된다. 다른 넛지는 절도나 폭력, 성폭력을 막기 위해 설계된다. 그러나 대부분의 넛지는 〈사람들의 선택이 자기 판단에 따라 행복을 높여 줄 가능성〉을 강화하기 위해 설계된다. 이러한 경우에 넛지의 핵심 목표는 〈선택자의 《자기 판단as judged by themselves》을 기준으로 더 행복하게 만들어 주는 것〉이다.[10]

넛지에 대한 이러한 입장은 선택자에게 절대적인 권한을 부여한다는 점에서 자유주의 철학 전통에 뿌리를 두고 있다. 이 입장에서 사람들은 독립적이고, 개인의 존엄과 자유는 존중된다. 또한 자율성을 강화하고 행복을 증진시키기 위해 개인이 최종 발언권을 갖도록 허용한다. 나는 이 책의 많은 논의에서 〈자기 판단〉이라는 기준에 주목할 것이며, 이와 관련된 복잡한 문제를 살펴볼 것이다. 나중에 다시 논의하겠지만, 여기서도 항행력은 전체 그림에서 중요한 부분을 차지한다.

정부에서 일하는 사회 설계자social planner(리처드 탈러와 내가 말하는 선택 설계자choice architect)는 무엇이 선택자를 행복하게 만들 수 있는지 나름의 기준을 갖고 있을 것이다. 일반적으로 그 기준은 개인 선택자의 판단이 된다. 이러한 입장에서 핵심 근거는 인간의 행복이야말로 중요한 요소이며, 그러한 판단은 넛지가 사람들의 삶의 질을 높이는지 테스트할 수 있는 합리적인(비록 불완전하더라도) 기준이라는 것이다.

이러한 입장은 분명하게도 행위자에게 특권을 부여한다. 그리고 개인이야말로 무엇이 자신의 행복을 높일 수 있을지 이해하는 특별한 위치에 있다는 믿음, 그리고 외부인은 종종 실수를 범한다는 생각을 기반으로 한다. 밀은 개인이 〈자신의 행복에 가장 관심 있는 사람〉이며, 〈일반적으로 외부인보다 훨씬 더 많은 정보를 갖고 있다〉고 주장했다.[11] 사회가 개인의 판단을 통제하고자 할 때, 〈보편적인 가정〉을 근거로 그렇게 한다. 그러나 이러한 접근 방식은 〈완전히 어긋날 수 있으며, 개별 사례에 잘못 적용될 위험이 높다〉. 밀은 만약 우리의 목표가 사람들이 삶을 잘 헤쳐 나가도록 도움을 주는 것이라면, 개인이 스스로 길을 발견하도록 허용하는 것이 최고의 해법이라고 결론을 내렸다. 같은 맥락에서 하이에크는 놀랍게도 이렇게 주장했다. 〈누군가(선택자)에게 주어진 대부분의 지식을 우리는 필연적으로 알지 못하며, 이 사실에 대한 자각이야말로《자유를 위한 논의의 근간》이다.〉[12]

하지만 행동 과학이 새롭게 발견하고 있는 사실에 따르면, 인간은 종종 스스로의 행복을 망치는 의사결정을 내린다. 행동 과학은 개인의 판단에 대한 지나친 맹신에 지속적으로 의문을 제기하고 있고, 실제로 우리가 내리는 선택 중 일부는 자기 파괴적이다. 3장에서는 그러한 위험에 대해 살펴볼 것이다. 그럼에도 밀과 하이에크의 주장은 자유주의 사회 내에서 논의의 좋은 출발점이다.

세 가지 반론

〈자기 판단〉이라는 기준은 세 가지 반론에 부딪힌다.

첫째, 사람들이 조작을 당해서 특정한 믿음을 갖거나 특정한 행동에 참여한다고 해보자. 가령 특정 제품을 사거나 특정 후보자를 지지하게 된다고 해보자. 이러한 상황을 이해하기 위해서 먼저 조작의 의미를 정의하고, 무엇이 문제인지 구체적으로 확인해야 한다.[13] 간단하게 말해서 조작이란 사람을 속이는 한 가지 방법이다. 일반적으로 조작자는 사람들의 무지(無知)나 행동 편향을 이용한다. 그리고 사람들이 사고 능력을 충분히 발휘하지 못하도록 방해한다. 예를 들어 중고차 판매자는 어떤 차량이 조만간 고장 날 것이라는 사실을 숨기고 번듯한 외관만 강조함으로써 구매자를 현혹할 수 있다. 혹은 헬스클럽 관리자는 열악한 시설에 대해서는 일절 언급하지 않고 건강하고 아름다운 사람들의 사진을 보여 줌으로써 회원을 끌어 모을 수 있다.

조작과 관련하여 첫 번째 문제는 사람을 존중하지 않는다는 것이다. 조작자는 사람을 주체로 대하지 않는다. 두 번째 문제는 조작은 행복을 위축시킨다. 조작자는 사람들이 자신의 이익을 추구하거나 개인의 가치를 실현하도록 배려하지 않기 때문에 그들의 행복을 위험에 빠뜨린다.

조작을 당할 때, 사람들은 스스로 선택할 수 있는 능

력을 빼앗긴다. 관련된 모든 변수를 고려하기 위한 기회가 충분히 주어지지 않기 때문이다. 이러한 점에서 조작의 피해자는 자유롭지 못하다. 조작은 강압과 친척 관계이자 같은 집안의 형제다. 동시에 조작자는 선택자의 상황과 선호, 가치에 무지하다. 나아가 선택자가 자신에게 무엇이 최고인지 스스로 판단을 내리지 못하도록 가로막는다.

조작자가 선택자의 이익이 아니라 자기 자신의 이익에 집중할 때 상황은 더욱 나빠진다. 최근 광고주와 정치인에게서 이러한 모습을 종종 발견할 수 있는데, 이기적인 조작자는 사람들로부터 뭔가를 훔치고 있는 셈이다. 그들은 행위자를 존중하지 않고, 행위자가 가진 자원을 자기가 원하는 방향으로 이동시킨다. 한마디로 조작자는 도둑이다. 조작이 일어나고 그것이 잘못된 행동이라면, 사람들이 최종적으로 행복을 느끼거나 선택한 결과에 만족한다고 해도 이를 옹호할 수 없다.[14] 다시 말해 〈자기 판단〉이라는 기준을 충족시켰다고 해도 우리는 조작에 동의해서는 안 될 것이다.

다음으로 사람들이 독립적인 도덕적 반대와 충돌하는

견해나 행동을 받아들이도록 넛지를 당하는 경우를 생각해 보자. 예를 들어 사람들은 인종주의자나 성차별주의자가 되도록 넛지를 당할 수 있다. 그러한 넛지가 성공을 거둘 때, 사람들은 자신이 인종주의자나 성차별주의자라는 사실에 만족할지 모른다. 즉, 〈자기 판단〉이라는 기준이 충족된 셈이다. 그렇다고 해도 독립적인 도덕적 반대는 여전히 유효하다.[15] 이러한 점에 비추어볼 때 〈자기 판단〉이라는 기준만으로는 충분하지 않다.

마지막으로 조지 오웰George Orwell의 소설 『1984』의 끝 부분에 나오는 섬뜩한 대사를 떠올려 보자. 〈그는 자기 자신한테 승리했다. 그는 빅 브라더를 사랑했다.〉

이 대사는 오웰의 영웅 윈스턴 스미스가 결국 패배했음을 암시한다. 그는 악당 오브리언에게 넛지를 당해 당이 원하는 대로 행동하고 당의 뜻대로 생각하면서 새로운 사고방식을 받아들인다(그의 수용 태도는 거의 성애적인데, 사실 〈거의〉라는 말을 빼도 좋을 것이다). 스미스는 단지 넛지를 당한 게 아니다. 그는 조작을 당했고, 두려움을 느꼈으며, 강압을 받았다. 하지만 그가 단지 넛지를 당한 것이라고 해도 도덕적 반론은 여전히 유효하다. 스미스가 결국 노예의 상태를 받아들였기 때문이다. 그는 자신의 처지에 만족했다. 〈자기 판단〉이라는 기준이 충족된 것이다.

올더스 헉슬리Aldous Huxley의『멋진 신세계』는 또 다른 디스토피아 소설이다. 헉슬리 역시 똑같은 주장을 한다. 〈정말로 효과적인 전체주의 국가에서는 정치 지도자와 그들의 관리자 집단이 굳이 전능한 힘을 발휘해서 사람들을 노예처럼 억압할 필요조차 없다. 사람들은 이미 노예 상태를 사랑하기 때문이다.〉[16] 헉슬리의 영웅 새비지는 이렇게 외친다. 〈나는 안락함을 원치 않습니다. 나는 신을 원합니다. 나는 시를 원합니다. 나는 진정한 위험을 원합니다. 나는 자유를 원하고, 신성을 원하고, 죄악을 원합니다.〉[17] 다음 장면에 대해 생각해 보자.[18]

새비지는 담대하게 말했다. 「좋습니다. 저는 지금 불행할 권리에 대해 말하고 있습니다. 늙고, 추하고, 무능해질 권리는 물론, 매독과 암에 걸릴 권리, 돈이 없어 굶을 권리, 비참해질 권리, 내일 무슨 일이 벌어질지 몰라 항상 불안에 떨며 살아 갈 권리, 장티푸스에 걸릴 권리, 차마 말로 표현하지 못할 온갖 고통에 괴로워할 권리를 말입니다.」

긴 침묵이 흘렀다.

마지막으로 새비지는 말했다. 「저는 그 모두를 요구하는 바입니다.」

여기서 우리가 주목해야 할 점은 사람들이 스스로 행복하다고 믿는다 해도, 또한 〈자기 판단〉이라는 기준을 충족시킨다고 해도 얼마든지 자유롭지 못한 상황에 처해 있을 수 있다는 사실이다. 그들은 아마도 인간적인 삶을 충분히 경험하지 못하고 주체성과 자율성을 마음껏 발휘하지 못했을 것이다. 이는 매우 중요한 대목이다. 하지만 이를 대부분의 현실 속 넛지에 대한 반박으로 활용해서는 곤란한데, 적어도 민주주의 사회에서는 그렇다. 민주 사회에서 넛지의 목표는 항행력을 높이고, 주체성과 자율성을 실행할 수 있는 능력을 강화하는 것이다(정보 공개 제도에 대해 생각해 보라). 항행력을 높인다고 해서 사람들을 노예 상태로 만들지는 않는다(퇴직연금 프로그램 자동 가입 제도를 생각해 보라).

퍼즐

이러한 점에 비춰볼 때, 우리는 〈자기 판단〉이라는 기준을 (거의 반드시) 충족시켜야 하지만, 그 기준을 충족한다고 해서 (절대적으로) 충분한 것은 아니라고 결론내릴 수 있다. 이 결론은 일반적으로 타당하지만, 여기서 우리는 그 기준에 담긴 애매모호한 측면에 대해서도 생각해 볼 수 있다.

- 넛지 이전, 혹은 이후에 선택자가 내리는 판단 중에서 무엇에 초점을 맞춰야 하는가? 넛지가 사람들의 선호를 바꾼다면, 그래서 넛지가 만들어 낸 결과에 그들이 만족한다면 어떨까? 혹은 선택 설계를 통해 새로운 선호를 만들어 낸다면?
- 넛지가 사람들의 행복을 높이는 데 실패했다는 의미에서 그들의 사전 판단이 잘못된 것이라면? (그들이 그렇게 될 거라고 생각하지 않았더라도)
- 잠재적으로 정보 부족이나 행동 편향으로 영향을 받은 선택자의 판단에 대해 물어보길 원하는가? 혹은 선택자가 모든 중요한 정보를 확보하고 있고 관련된

편향으로 영향을 받지 않는다면 그들의 판단에 대해 물어볼 자격이 우리에게 있는가?

이러한 질문에 대답하기에 앞서, 세 가지 유형의 사례를 구분해 보자.

1. 선택자가 뚜렷한 사전 선호를 갖고 있고 넛지가 이를 충족시키도록 도움을 주는 경우.
2. 선택자가 자기통제 문제에 직면해 있고 넛지가 이 문제를 극복하도록 도움을 주는 경우.
3. 선택자가 두 가지 이상의 넛지가 만들어 낸 결과에 만족하거나, 혹은 사후 선호가 넛지에 따른 결과물이어서 〈자기 판단〉의 기준이 선택 설계자에게 어느 하나를 특정함 없이 다양한 선택지를 남기는 경우.

범주 1은 〈자기 판단〉이라는 기준을 충족시킨다. 우리는 이러한 유형에 해당하는 사례를 쉽게 찾아볼 수 있다. 이러한 사례는 항행력과 관련 있다. 〈자기 판단〉이라는 기준의 관점에서 볼 때, 범주 2(「창세기」와 『소유』를 떠올리게 하는) 역시 그 기준을 충족한다. 사실 범주 2 또한 항행력과 관련 있으며, 범주 1의 하위 집합으로 볼 수 있다. 여기에 해당하는 사례 역시 풍부하지만, 우리는 그 안에서 고유한 복잡성을 확인할 수 있다. 범주 3은 특별한 도전 과제를 제시한다. 여기서 우리는 인간의 행복에 대해 직접 질문을 던지거나, 혹은 충분한 정보를 확보한 적극적 선택자가 일반적으로 무엇을 선택하는지 확인해야 한다.

2장

항행력

미국 정부는 오랫동안 〈푸드 피라미드Food Pyramid〉를 건강한 식습관을 홍보하기 위한 핵심 아이콘으로 활용해 왔다. 미국 농무부가 만든 푸드 피라미드는 미 정부 기관 웹 사이트 중 방문객이 가장 많은 곳 중 하나다. 실제로 많은 부모와 자녀들이 그 이미지를 사용했다.

푸드 피라미드는 〈그림 1〉처럼 생겼다.

하지만 푸드 피라미드는 실용적인 정보를 제공해 주지 못한다는 이유로 많은 비판을 받아 왔다. 실제로 이 그림은 건강한 식습관과 관련하여 어떠한 구체적인 지침도 제시하지 않는다. 신발을 벗은 사람이 피라미드 계단을 오르고 있다. 이것은 무엇을 의미하는가? 그리고

그림 1 푸드 피라미드

피라미드는 다섯 개(혹은 일곱 개?)의 띠로 이뤄져 있다. 이것은 또 무슨 의미인가? 아래에는 다양한 식품이 뒤죽박죽 널브러져 있다. 어떤 식품은 여러 범주에 속해 있다. 어떤 곡물은 채소 범주에 포함되어 있다.

무엇을 해야 할지 정확하게 알지 못할 때, 사람들은 행동을 바꾸려 들지 않는다. 사람들은 건강한 식습관에 관심이 있지만, 이를 위해 취해야 할 구체적인 단계에 대해서는 잘 알지 못한다. 푸드 피라미드는 큰 도움이

그림 2 푸드 플레이트

되지 못했다.

그래서 농무부는 몇 년 전 영양 및 커뮤니케이션 분야에 자문을 구했고, 이를 통해 어떤 형태의 아이콘이 실질적인 도움을 줄 수 있을지 고민했다. 그 결과, 피라미드 대신에 더 간단한 형태의 새로운 아이콘을 채택했다. 그 이미지는 과일, 채소, 곡물, 단백질로 구분된 접시 모양을 하고 있다. 〈그림 2〉를 보자.

이 그림은 분명하고 간단한 지침, 즉 일종의 지도를

제시하기 위해 설계되었다. 물론 이 그림은 뭔가를 하라고 지시하지는 않는다. 다만 접시의 절반이 과일과 채소로 이뤄져 있다면 잘하고 있는 것이며, 나머지 절반이 쌀과 육류(혹은 다른 단백질)로 구성되어 있다면 건강한 식습관을 유지하고 있는 것이라는 메시지를 전할 뿐이다.

동시에 농무부는 이 그림과 함께 직접적인 설명도 제시한다. 그 정보는 choosemyplate.gov에서 확인이 가능하다. 여기서 그들은 좋은 영양적 선택을 내리기 위해 해야 할 일에 대한 정보를 제공한다. 그리고 그 내용은 정기적으로 업데이트된다. 최근 내용은 다음과 같다.

- 접시의 절반을 과일과 채소로 구성하기
- 설탕이 든 음료 대신에 물 마시기
- 무지방 혹은 저지방(1%) 우유로 바꾸기
- 나트륨 섭취를 낮추기 위해 소금을 첨가하지 않은 견과류와 씨앗을 선택하기

이러한 설명은 애매모호함을 모두 없애 준다. 팁은 간

단하고 무엇보다 〈실천 가능하다〉. 물론 사람들은 푸드 플레이트 지침보다 더 나은 방법을 선택할 수도 있을 것이다. 하지만 〈피라미드가 아닌 플레이트〉는 기업과 가정, 공공기관, 광고주, 공무원에게 실용적인 지침을 준다. 즉, 바람직한 방식을 정의한다.

목적지에 도달하기

어떤 여행자가 일주일 동안 뉴욕시에 머무르면서 자신의 질문에 뉴요커들이 어떻게 반응하는지를 관찰했다. 하루는 한 뉴요커를 만나 이렇게 물었다. 「엠파이어 스테이트 빌딩에 어떻게 가는지 알려 주시겠습니까? 아니면 그냥 꺼질까요?*」

그렇다. 농담이다. 하지만 인간이 처한 상황에 대한 중요한 이야기를 들려준다. 우리는 종종 지침을 필요로 한다. 하지만 이러한 지침을 물어보는 것은 그리 즐거운 일은 아니다. 도움을 구할 때, 이런 대답을 들을지도 모른다. 〈꺼져 버려.〉 누구에게서도 질문에 대한 대답, 혹은 좀 더 도움이 되는 대답을 들을 수 없다면, 우리는 그

* 원문은 Or should I just go to hell?

설계가 자신이 원하는 방향으로 움직이지 않을 것이라는 사실을 깨닫게 된다. 그럴 때 그 설계는 우리에게 지옥으로 꺼지라고 말한다.

낯선 도시의 공항에 있다고 해보자. 시간은 늦었고 어서 빨리 출국 게이트로 들어가야 한다. 급한 마음에 달리기 시작한다. 그런데 안내판이 죄다 외국어이고 어디로 가야 할지 도통 감을 잡을 수 없다. 다음으로 자녀의 입학을 위해 온라인으로 등록 양식을 작성한다고 해보자. 그런데 대단히 복잡하다. 어떤 링크는 제대로 작동하지 않는다. 어떻게 해야 할지 도통 모르겠다. 혹은 출장 중에 호텔에 묵었는데 샤워 시설이 대단히 복잡하게 되어 있다. 수많은 레버가 벽에 달려 있다. 물을 어떻게 틀어야 할지, 혹은 물 온도를 어떻게 맞춰야 할지 도통 모르겠다. 또는 자녀가 심리적으로 어려움을 겪고 있다고 해보자. 불안이나 우울, 혹은 그밖에 다른 질환일 수도 있다. 부모로서 어떻게 도움을 줄 수 있을지 알지 못한다. 병원에 전화해도 도움이 될 만한 조언을 얻을 수 없을 것 같고, 조언을 얻는다 해도 그 말을 이해할 수 있을지 자신이 없다.

어떤 형태로든, 이 사례는 모두 보편적인 문제이다. 그에 따른 위험은 중대한 것일 수도, 사소한 것일 수도 있다. 사소한 경우라면 당황하거나 시간을 허비하게 된다. 중대한 경우라면 중요한 일을 미뤄야 할 수도 있다. 가장 심각한 경우에는 삶의 가치와 관련된 문제에 전혀 집중할 수 없다.

위 사례 모두 내가 설명하고자 하는 바를 잘 보여 준다. 항행력을 가로막는 장애물은 비록 선택의 자유가 보호된다고 해도 자유를 크게 위축시킨다. 내비게이션이나 푸드 플레이트처럼 수많은 넛지와 다양한 형태의 선택 설계는 사람들의 항행력을 높이기 위해, 즉 사람들이 원하는 목표에 쉽게 도달하도록 도움을 주기 위해 설계된다. 우리의 삶은 헤쳐 나가기 힘들 수도, 쉬울 수도 있다. 선택 설계는 우리가 삶을 좀 더 쉽게 헤쳐 나가도록 도움을 준다.

우리는 항행력이라는 개념을 다양한 각도에서 바라볼 수 있다. 잉글랜드의 수학자 존 디John Dee는 1570년에 이런 정의를 내놓았다. 〈항해술이란 최단 거리로, 최적의 방향으로, 최단 시간에 두 지점을 오가는 방법을 말한다.)[1] 이 정의는 우리의 논의와 정확하게 맞아떨어진다.

우리는 존 디의 정의를 세 가지 다른 문제를 언급하는 것으로 이해할 수 있다. 첫째, 사람들은 올바른 경로 혹은 최적의 경로를 알지 못하고, 그러한 길을 발견하는 데 어려움을 겪는다. 둘째, 사람들은 올바른 경로를 발견하거나 이론적으로 알 수 있지만, 거기에 도달하기 위한 동기를 찾는 과정에서 어려움을 겪는다. 셋째, 사람들은 다양하고 까다로운 선택에 직면하게 되고, 이는 올바른 경로를 발견하는 데 방해 요인으로 작용한다. 여기서 내가 가장 주목하는 문제는 첫 번째다. 두 번째와 세 번째 문제는 다음 장에서 살펴보도록 하자.

우리가 자유에 관심을 기울인다면, 항행력을 높이는 노력이 상상 가능한 가장 야심 찬 아이디어로 보이지 않을 수도 있다. 그러나 이러한 노력은 대단히 중요하다. 우리가 직면하는 많은 문제는 낮은 항행력에서 비롯되고, 특히 가난한 계층에서 보편적인 문제로 나타난다. 경제학자 에스테르 뒤플로Esther Duflo의 이야기에 귀를 기울여 보자.[2]

우리는 가난한 이들을 무시하는 경향이 있다. 우리는 이렇게 생각한다. 〈그들은 왜 자신의 삶을 책임지려 하지 않는가?〉 하지만 여기서 우리가 외면하고 있는 것은 부자일수록 인생에서 져야 할 책임이 적다는 사실이다. 모든 것이 그들을 위해 마련되어 있기 때문이다. 반면 가난할수록 인생에서 더 많은 것을 책임져야 한다. (……) 이제 그들이 책임을 지지 않는다고 비난하는 일을 멈추고 우리가 누리고 있는 사치를 그들에게 나눠 줄 방법에 대해 고민하자. 여기서 사치란 많은 의사결정이 우리를 위해 내려진다는 사실을 의미한다. 우리는 아무것도 하지 않아도 올바른 궤도 위에 서 있게 된다. 그러나 가난한 이들은 아무것도 하지 않으면 잘못된 궤도로 들어서게 된다.

문제는 사람들이 올바른 궤도를 발견해야 한다는 것이다. 즉, 올바른 의사를 찾고, 올바른 변호사를 만나고, 올바른 일자리를 발견하고, 자녀 양육과 관련하여 올바른 도움을 얻어야 한다. 자유와 관련해서 이는 대단히 중요한 문제다. 항행력을 높이기 위한 노력은 전 세계적으로 큰 차이를 만들어 낼 수 있다. 훌륭한 도시는 누구든 쉽게 돌아다닐 수 있다. 훌륭한 공항도, 그리고 훌륭한 웹 사이트도 그렇다. 내비게이션은 사용자의 목적지를 존중한다. 목적지와 관련해서 사용자와 말싸움을 벌이지 않는다. 그럼에도 내비게이션은 사용자가 원하는 목적지에 도달하도록 도움을 주고, 사용자의 고민을 줄여 준다. 우리는 수많은 넛지를 이러한 차원에서 이해할 수 있다. 사람들이 적극적인 행동을 취하지 않더라도 좋은 결과를 위해 도움을 주는 것이 넛지다. 물론 일부 넛지는 사람들에게 다소의 사고를 요구한다. 일상에서 접하는 정보, 리마인더와 경고의 메시지를 생각해 보라. 그럼에도 이것들은 사람들에게 심각한 부담을 안기지 않는다. 그리고 동시에 항행력을 높인다.

보상도 크다. 최근 많은 학자들이 행복이라는 주제에 크게 헌신해 왔다. 행복은 흔히 현재의 목적을 충실히 따르는, 잘 사는 삶 well-being 의 대용물로 여겨진다. 많은 국가에서 불행은 심리적인 문제에서 비롯된다. 그리고 다른 많은 국가에서 불행은 실직에서 비롯된다. 항행력을 높일 때, 심리적인 문제로 어려움을 겪는 많은 이들에게 도움을 줄 수 있고 실직자들에게도 새로운 직장을 쉽게 발견하도록 도울 수 있다. 이 과정에서 자유는 거의 훼손되지 않고, 오히려 강화된다. 이러한 접근법과 함께 삶의 질 또한 높아진다.

어디로 가길 원하는가?

아주 단순한 경우라면, 사람들은 자신이 선호하는 목적지에 대해 매우 구체적이고 분명한 감각을 갖고 있다. 가령 사람들은 주유소를 찾길 원하고, 혹은 동네에 있는 좋은 치과를 찾길 원한다. 아니면 특정 도시에 있는 대학에 진학하길 원한다.

그러나 목적지가 추상적이고 애매모호한 경우도 있다. 가령 좋은 일자리를 찾는다거나 좋은 대학에 진학하길 원하고, 괜찮은 배우자를 찾는다. 또 다른 경우도 있는데, 자신이 원하는 목적지를 인식하고 있지만 아주 추상적인 경우이다. 가령 평화를 갈망하고, 사랑받길 원한다. 혹은 가치 있는 삶을 살아가고자 한다. 이러한 경우에 목적지는 너무나 추상적이어서 그들이 정말로 어디로 가길 원하는지 의심해 볼 필요가 있다. 그럴 때 항행력이라고 하는 개념은 의미를 잃어버린다. 선택자가 최종적으로 어디로 가길 원하는지 구체적으로 알지 못하기 때문이다.

간단히 말하자면, 목적지가 가장 구체적인 경우에서 가장 추상적인 경우에 이르기까지 광범위한 스펙트럼이 존재한다. 그리고 일부 경우에 사람들은 어디로 가길 원하는지 쉽게 지목하지 못한다. 가장 쉬운 상황은 구체적인 목적지가 있는 경우이다. 여기서 선택자는 〈두 지점 사이에 놓인〉 경로를 찾는다. 이 상황에서 내가 주목하는 것은 단순한 사례와 구체적인 목적지다. 반면 가장 까다로운 상황에서, 항행력 문제를 풀려고 애쓰는 선택 설계자는 실제로 선택자가 알지 못하는 목적지로 이끌 수 있다. 이 상황이 까다로운 이유는 선택 설계자가 〈나는 당신의 목적지를 존중하며, 다만 거기에 도달하는 길을 발견하도록 도움을 주려는 것뿐이다〉라고 말할 수 없기 때문이다. 물론 선택 설계자가 선택자가 기꺼이 받아들일 수 있는 무언가(건강, 장수, 평화)를 정확히 지목할 수 있다면, 그리고 선택자가 선택의 자유를 유지하고 목적지가 좋은 곳인지 판단할 수 있다면, 문제는 완화된다.

항행력과 슬러지

다음 세 가지 사례를 살펴보자.

1. 루크는 심장병을 앓고 있고, 여러 가지 약을 먹는다. 물론 그도 잘 챙겨 먹고 싶지만, 때때로 약 먹는 것을 깜박한다. 의사는 그런 루크를 위해 정기적으로 문자 메시지를 보내고, 덕분에 루크는 빠짐없이 약을 복용할 수 있다. 그는 의사의 문자 메시지에 아주 만족한다.

2. 메러디스는 약간 살이 쪘다. 자신도 그 사실을 알고 있다. 심각한 자기통제 문제를 겪고 있는 것은 아니다. 그래도 자신이 좋아하는 음식을 포기하지 않으면서 동시에 살도 빼고 싶다. 새로 도입된 법 때문에 최근 그녀가 살고 있는 도시의 많은 식당이 메뉴에 열량 표시를 하고 있다. 그녀는 이를 통해 다양한 메뉴의 열량 정보를 알 수 있게 되었다. 그 결과, 메러디스는 종종 열량이 낮은 메뉴를 선택하고 있다. 열량 정보가 없었더라면 아마도 그러한 선택을 하지 않았을 것이다. 덕분에 체중이 조금씩 줄고 있다. 그녀는 열량 표시제에 대단히 만족한다.

3. 리타는 교사다. 그녀가 근무하는 학교는 오래전부터 교직원을 대상으로 퇴직연금 프로그램에 가입하도록 권장하고 있다. 리타도 가입을 긍정적으로 생각한다. 하지만 아직 가입을 하지 않았는데, 돈의 여유가 없기 때문이다. 그런데 작년에 학교에서 그 프로그램을 자동 가입 제도로 전환했다. 이 제도에 따르면 교직원은 기본적으로 퇴직연금 프로그램에 가입된다. 탈퇴를 선택할 수도 있지만, 리타는 그러지 않았다. 그녀는 퇴직연금에 자동 가입된 것에 대해 대단히 만족한다.

이들 사례에서 적절한 개입은 항행력을 높인다. 여기서 생소한 것은 없다. 오히려 정부와 민간 양쪽 부문에서 이뤄지는 넛지를 현실 세계 속에서 폭넓게 포착한다. 충분한 연구가 이루어진 유익한 한 가지 사례는 천식에 관한 것이다. 천식 환자와 그 가족들은 심각한 건강 문제의 위험을 낮추길 원하지만, 어떻게 해야 할지 잘 알지 못한다. 적절한 해결책을 찾기 위해서는 의사와 상의해야 한다.[3] 수많은 사례에서 선택자들은 한 가지 목표, 혹은 여러 목표의 조합을 갖고 있다. 여기서 선택 설계는 그들이 그 목표에 좀 더 쉽게 도달하도록 도움을 준다. 우리가 사람들의 기존 선호에 대한 참조로 〈자기 판단〉의 기준을 이해하는 한, 그 기준은 충족된다.

넛지가 〈자기 판단〉 기준에 실패한 사례들에서 변화를 설계하는 것이 쉬울 수 있음을 명심하라. 왜냐하면 그들은 자신의 평판이 걸린 일에서 사람들을 곤경에 빠뜨리기 때문이다. 리처드 탈러는 항행력을 떨어트리는 시도를 〈슬러지〉*라는 용어로 설명한다. 안타깝게도, 때로는 비극적이게도 이러한 슬러지는 도처에서 발견할 수 있다.[4] 슬러지는 자유를 위축시키고, 사람들이 목적지를 향해 다가가지 못하도록 방해한다. 실제로 슬러지는 많은 국가에서 자유를 가로막는 주요한 장애물로 작용한다.

루크와 메러디스, 리타의 사례는 비교적 단순하다. 여기서 넛지는 그들이 목적지에 도달하도록 실질적인 도움을 준다. 하지만 일부 사례에서 사람들은 뚜렷한 기존 선호를 갖고 있고, 넛지는 이러한 선호와 조화를 이루지

* sluge. 무른 진흙, 또는 오수 처리 과정에서 하수관에 생기는 침전물을 뜻한다.

못한다. 하지만 넛지의 결과로 선호가 변하기도 한다. 다음 사례를 들여다보자.

조녀선은 종종 운전 중 통화를 했다. 출근 시간은 물론, 업무 시간에도 친구와 즐겨 통화했다. 결국 몇 번의 경고를 받고 나서야 나쁜 습관을 끊을 수 있었고, 지금 그는 만족한다. 이제는 사람들이 왜 운전 중에 통화를 하는지 이해할 수 없다. 그가 보기에 그건 너무나도 위험한 짓이다.

루크, 메러디스, 리타와 마찬가지로, 조녀선은 넛지 이후에 스스로 더 행복해졌다고 느낀다. 그런데 조녀선의 사례는 한 가지 의문을 제기한다. 〈자기 판단〉이라는 기준은 사람들이 〈넛지 이후에〉 어떻게 생각하고 느끼는지를 묻는 것으로 보인다. 그들은 스스로 더 행복해졌다고 믿는가? 그러나 사람들이 넛지 이전에 별 문제가 없었고, 넛지가 반드시 필요하거나 바람직한 것이 아니라고 생각할 때, 그것이 적절한 질문인지 의심해 볼 수 있다. 이 질문에 대해서는 나중에 다시 다뤄 볼 것이다.

다만 내가 강조하는 바는 루크와 메러디스, 리타의 사례가 단순한 경우에 해당한다는 것이다. 이러한 사례는 일반적으로 발견할 수 있다.

지금까지 내 설명이 항행력의 문제가 인간의 삶에 만연하다는 사실을, 그리고 그 문제가 자유에 대한 심각한 장애물이라는 사실을 보여 주기에 충분했기를 바란다. 일반적으로 사람들은 자유롭게 선택할 수 있어야 한다. 이러한 주장은 전적으로 옳다. 그것은 진실이며 대단히 중요하다. 하지만 사람들이 자유롭게 선택할 수 있을 때조차 그들은 목적지를 향해 어떻게 가야 하는지 모를 수 있다. 이러한 점에서 항행력을 높이는 것은 다만 일상적인 성취가 아니다. 우리는 이를 통해 세상을 바꿀 수 있다.

3장

자기통제

아우구스티누스는 젊은 시절에 이렇게 기도했다. 〈신이시여, 저를 순결하게 하소서. 그러나 아직은 아닙니다.〉 그의 기도는 성적 활동(지금을 위한)을 지지하는 자유로운 선택과 순결을 대변하는 자유로운 선택을 나란히 보여 주고 있다. 다음으로 바이어트의 『소유』에서 크리스타벨 라모트의 말을 곱씹어 보자. 〈저는 당신이 저를 태워 버리게 놔둘 수도, 당신에게 저항할 수도 없습니다. 어떤 인간도 불속에서 불에 타지 않은 채 서 있을 수는 없습니다.〉

이는 자유의 딜레마에 관한 이야기다. 우리는 불에 타기를 거부한다(그 거부 역시 선택이다). 그럼에도 때로는 저항하지 못한다. 그것은 선택일까? 때로는 그렇다. 라모트는 불길 속에서 타버리고 말았다. 그는 그렇게 자유를 행사했다.

철학자, 경제학자, 심리학자, 법률가를 비롯한 많은 이들이 〈자기통제〉라는 보편적인 제명 안에 포함된 다양한 문제에 오랫동안 많은 관심을 기울였다. 가령 철학자는 의지박약에 대해 말한다. 의지박약은 유혹(너무 많은 음식, 과도한 음주, 과도한 섹스, 미래에 대한 너무 적은 우려)에 대한 민감함을 의미한다. 많은 이들이 참을성 부족에 주목한다. 가령 프란츠 카프카는 「창세기」를 염두에 두고 이렇게 말했다. 〈인간에게는 두 가지 죄가 있다. 모든 죄는 거기서 비롯되었다. 그 두 가지란 성급함과 나태함이다. 인간이 천국에서 쫓겨난 것은 성급함 때문이었다. 그리고 다시 돌아가지 못한 것은 나태함 때문이다. 둘 중 하나를 꼽으라면 단연 성급함이 될 것이다. 인간은 성급함 때문에 추방되었고, 성급함 때문에 돌아가지 못했다.〉[1]

일부 사회과학자는 중독을 종종 〈선택 장애〉로 설명한다. 이 용어에는 개인 행위자와 왜곡의 개념이 포함되어 있다.[2] 미국 정신의학의 아버지라 불리는 벤자민 러시Benjamin Rush의 한 환자는 특정한 질환을, 그리고 보편적인 자기통제 문제를 다음과 같이 표현했다. 〈방구석에 술통이 있고, 나와 술통 사이에 대포알이 마구 쏟아지고 있다 해도 나는 술통을 향해 달려가는 일을 멈출 수 없을 것이다.〉[3]

경제학자와 심리학자는 장기적인 차원에서 자아에 피해를 입힐 수 있는 현재 편향과 비현실적 낙관주의에 대해 이야기한다. 그리고 인간의 마음과 관련해서 두 가지 인지 범주, 다시 말해 시스템 1과 시스템 2에 대해 이야기한다.[4] 시스템 1은 빠르고, 직관적이고, 자동적인 시스템이다(오늘과 내일에 집중). 반면 시스템 2는 느리고, 합리적이고, 숙고적인 시스템이다(장기적 관점에서 바라봄).

한 가지 일화를 소개하자면, 내겐 디클란이라는 이름의 아홉 살짜리 아들이 있다. 아들은 장난감을 무척 좋아한다. 장난감 가게를 지나칠 때마다 아들은 새로운 장난감을 사고 싶어 보챈다. 몇 년 전 아들에게 두 시스템의 차이에 대해 설명하면서, 시스템 1이 장난감을 사고

싫어 하는 반면, 시스템 2는 이미 많은 장난감이 있어서 더 이상 필요가 없다고 생각한다는 이야기를 들려줬다. (자상한 아버지다운 설명이 아닐까?) 아들은 잠시 고민에 빠졌다. 그리고 마침내 내 말을 이해한 듯 보였다. 그러나 한 달 뒤 아들은 내게 이렇게 물었다. 「아빠 나한테도 시스템 2가 있나요?」 아쉽게도 그때는 〈그러한 질문을 한다는 것 자체가 네게 시스템 2가 있다는 사실을 말해주는 것〉이라고 차분하게 설명하지 못했다.

자기통제 문제는 개념적, 경험적, 규범적 과제를 제시한다. 또한 자유에 관한 다양한 퍼즐을 제시한다. 중독은 자기통제 문제의 극단적인 형태이다. 실제로 〈중독 addiction〉이라는 단어는 노예를 뜻하는 라틴어에서 유래했다. 여기서 한 가지 보편적인 물음은 중독에 빠진 사람은 자기통제 문제로부터 어려움을 겪고 있는 것인지, 아니면 〈지금 이 순간을 즐겨라. 삶에는 연습이 없으니〉라는 완전히 합리적인 주문을 실천에 옮기고 있는지 여부이다. 또 다른 질문은 자기통제 문제에 대한 해결책이라고 하는 것이 정말로 상황을 더 좋게 만들어 줄 것인가이다. 어떤 치료는 질병 그 자체보다 더 나쁠 수 있다.

라모트가 죽어 가는 내연남인 랜돌프 애쉬에게 썼던, 인상적이면서도 모순된 편지를 들여다보자. 〈저는 혼자 살았어야 했나 봅니다. 그러나 삶이 그런 것이 아니기에 — 그리고 그런 힘이 누구에게도 주어지지 않았기에 — 저는 당신을 위해 하나님께 감사드립니다. — 분명 용이 있다면 그는 당신이에요—.〉[5](문장의 구조는 〈차라리 혼자 살겠어요〉라는 그녀의 주장이 거짓임을 보여 준다. 그녀의 시스템 1이 더 잘 알고 있었다.) 「창세기」와 관련하여 사람들은 에덴동산의 아담과 이브의 선택이 유혹을 이기지 못하는 치명적인 결함을 반영한 것인지(기존 견해), 아니면 자율성의 실천이나 지식을 향한 숭고한 갈망(중요한 차원에서 자유)과 같은 아주 다른 것인지 궁금하게 여겨 왔다. 뱀은 그저 악당이었나, 혹은 영웅이었나? 그는 신의 일을 한 것인가? 대부분의 집단에서 기존 견해가 지배적이었지만, 다른 견해의 매력은 「창세기」의 복잡성과 그 지속적인 위력을 잘 보여 준다.

이러한 논의와 라모트의 모순에도 불구하고, 우리는 개입이 사람들의 선택의 자유를 보존하면서 그들이 자기통제 문제를 극복하는 데 도움을 준다는 주장에 동의해야 한다. 우리는 비교적 단순한 사례를 들여다볼 필요가 있다. 이러한 사례에서 사람들은 시점 1에서 선호를 갖고 있고, 시점 2에서 특정한 선택을 내린다. 그리고 시점 3에서 선택을 후회한다. 여기서 개입은 그러한 모순을 없애 준다.

개입이나 넛지는 사람들의 자유를 높여 줄 수 있다. 다음 사례를 살펴보자.

1. 테드는 흡연자다. 담배를 애초에 배우지 않았으면 좋았겠다고 생각하면서도 오랫동안 끊지 못했다. 그런데 얼마 전 정부는 새로운 규제를 시작했다. 담뱃갑에 시각 이미지를 싣도록 의무화함으로써 폐암과 같은 심각한 건강 문제에 대한 사회적 인식을 환기시키고자 한 것이다. 테드는 끔찍한 경고 이미지를 보고 충격을 받았다. 차마 제대로 쳐다보지도 못했다. 결국 그는 담배를 끊었고, 현재 상태에 만족한다.

2. 조앤은 대학생이다. 과음까지는 아니지만 그래도 종종 즐겨 마신다. 그런데 술이 성적과 건강에 안 좋은 영향을 미칠까 봐 걱정이다. 술을 줄여야겠다고 생각

했지만 어째서인지 실천이 힘들다. 그런데 얼마 전부터 대학 내에서 학생들의 음주량을 줄이기 위한 캠페인이 시작되었다. 주최 측의 발표에 따르면 학생 80퍼센트의 음주 횟수는 한 달에 두 번 이하라고 한다. 이러한 사회적 규범에 관한 정보를 접한 조앤은 절주를 실행에 옮겼고, 지금은 현재 상태에 만족한다.

3. 켄드라는 운전 중에 종종 문자 메시지를 보낸다. 그녀는 그게 안 좋은 습관이라는 것을 알면서도 멈추질 못했다. 그런데 얼마 전 정부는 운전 중 문자 메시지 사용을 법으로 금지한다는 발표를 했다. 이제 운전을 하면서 문자 메시지를 보내는 일은 범죄가 되었다. 이후로 켄드라는 운전 중 문자 메시지를 더 이상 하지 않는다. 그녀는 현재 상태에 만족한다.

이들 사례에서 선택자는 자기통제 문제로 어려움을 겪고 있으며, 본인들도 그 사실을 잘 알고 있다. 테드와 조앤, 켄드라 모두 넛지 이후로 선호가 바뀌었다. 테드와 조앤의 사례에서는 넛지가 선택자의 의지를 강화하는 데 도움을 주었다. 켄드라의 경우에는 법적 규제가 그런 역할을 했다. 이러한 사실은 법적 금지를 통해 사람들의 행복도를 높일 수 있을 뿐 아니라(사망과 상해를 예방함으로써), 어떤 측면에서는 그들의 자유를 강화할 수 있다는 점을 말해 준다. 적어도 결심을 했지만 혼자 힘으로 해내기 힘든 버거운 목표를 달성하는 데 도움을 준다는 측면에서 그렇다. 사이렌의 유혹에 저항하기 위해 스스로 몸을 결박했던 오디세우스 이야기처럼, 사람들은 자신의 자유를 억압하면서까지 사전 조치 전략*을 선택하기도 한다.

여기서 나는 온건한 형태의 주장을 제시하고자 한다. 테드와 조앤은 사전과 사후에 넛지를 환영했다. 이들 사례에서 〈자기 판단〉의 기준은 충족되었다. 또한 테드와 조앤, 켄드라 모두 자기통제 문제가 해결되었을 때 더욱 자유로워졌다.

심각한 중독과 관련된 이들 사례 모두 그 형태는 다르지만, 우리의 논의에 비춰볼 때 서로 유사점이 많다. 중독은 대표적인 현재 편향(혹은 지연 할인delay discounting

---

* precommitment strategy. 목표 달성에 방해가 되는 자신의 성향을 사전에 통제하는 방법.

이라고도 하는)이다.[6] 흡연자, 알코올 및 약물 중독자는 끊기를 원하지만 중독 앞에서 스스로를 그저 무력한 존재로 느낀다. 그들은 자유가 크게 훼손되었다고 생각한다. 이에 대해 〈익명의 금주동맹Alcoholics Anonymous〉은 이렇게 설명한다. 〈알코올 중독자 대부분 (……) 음주와 관련하여 선택의 능력을 완전히 잃어버렸다. 소위 의지력이 완전히 사라져 버린 것이다.〉 배우 러셀 브랜드Russel Brand는 이렇게 표현했다. 〈약물과 알코올 중독자의 생각과 행동은 전적으로 비합리적이다. 그들이 중독 앞에서 전적으로 무력한 존재라는 사실을 깨달을 때까지, 그리고 체계적인 도움을 얻을 수 있을 때까지 그들에게는 아무런 희망이 없다.〉[7] 또한 가수 스티비 닉스Stevie Nicks는 이런 이야기를 들려줬다. 〈부츠 안에다가 코카인 1그램을 넣고 다녔다. 아침에 일어나는 순간부터 잠자리에 들기 전까지 항상 그 생각뿐이었다.〉[8] 헤로인 중독으로 오랫동안 고통을 겪은 한 사람은 속박과 선택에 대한 느낌을 이렇게 표현했다. 〈아마도 결혼생활은 파국에 이르고말 것이다. 집도 날려 버릴 것이다. 나는 내가 무슨 짓을 하고 있는지 잘 안다. 그런데도 헤로인을 선택했다. 헤로

인을 말이다.)[9]

중독자가 원하는 것은 끊는 방법이다. 그들은 그 방법을 알지 못한다.[10] 여기서 넛지가 해답을 줄 수 있다.[11] 중독을 설명할 때 종종 〈눈을 가린blindfold〉이라는 표현을 쓴다. 이는 항행력의 문제를 암시한다.[12]

눈을 가린 사람은 아무것도 없는 길에서도 잘 넘어진다. 그는 앞에 뭐가 있는지, 어떤 위험이 놓여 있는지 알지 못한다. 어느 방향으로 가야 할지 알지 못한다. (……) 그를 곤경에서 구해 낼 수 있는 것은 친절한 안내다. 겁을 먹지 않도록 다독이고, 어느 쪽으로 가야 할지 안내해야 한다. (……) 중독자는 본질적으로 눈을 가린 사람이다. 그들은 자신의 눈이 멀었다는 사실을 잘 알고 있다.

이 비유는 다양한 자기통제 문제에 해당된다. 물론 중독은 극단적인 경우이며, 많은 자기통제 문제는 보기만큼 간단하지 않다. 그래도 기본적인 형태를 떠올려 볼 수 있다. 사람들은 시점 1에서 특정 선호를 갖고 있다.

그리고 시점 2에서 선택을 내린다. 그리고 시점 3에서 그 선택을 후회한다. 이러한 경우에 선택 설계자를 포함한 외부인은 신중하게 접근해야 한다. 우리는 시점 2에 가중치를 부여해야 할까? 결국 가장 중요한 시점이 아닐까? 이 질문은 외부인이 인식 문제epistemic problem에 직면할 수밖에 없음을 시사한다. 여기서 외부인은 개입을 시도하는 사회 설계자와 같다. 그들은 자신이 무엇을 알지 못하는지 인식 못 할 수 있다.[13]

선택자는 실제로 현재 편향이나 관성으로부터 부정적인 영향을 받을 수 있다. 그래서 지금의 행동이 미래의 자아를 망칠 수 있다고 해도 그 행동을 사랑할 수 있다. 여기서 그들은 현재와 미래의 자아 사이에서 합리적인, 혹은 충분히 타당한 교환을 하고 있는 셈이다. 예를 들어 맛있는 음식, 방탕한 파티, 2주일간의 휴가, 무모한 불륜에 대해 생각해 보자. 삶은 연습이 아니며 어쨌든 선택을 해야 한다. 그들의 선택은 또한 자유의 훈련이다. 그 선택이 어쩌면 그들의 삶에서 가장 중요한, 최고의 경험이 될지도 모른다. 비록 앞서 다르게 선택했다고 해도, 혹은 나중에 후회한다고 해도 말이다.

그렇기 때문에 라모트의 이야기에서처럼 경고 메시지가 필요하다. 그녀의 시스템 1은 선택을 후회하지 않았다. 시스템 1은 때로 주도권을 쥔다. 시스템 2도 숙고를 기반으로 시스템 1에 동의할 수 있다(나는 그랬다고 생각한다). 선택의 순간에(담배를 피울 것인지, 술을 마실 것인지) 탐닉의 혜택이 실제로 대단히 크다는 사실을 언급함으로써 우리는 테드와 조앤의 사례를 더욱 복잡하게 만들 수 있다. 두 사람 모두 시점 1에서 자제하기를 원했다. 그리고 시점 3에서 후회했다. 그러나 시점 2에서 두 선택자 모두 무엇이 중요한지 알았고, 그것이 당시에는 틀리지 않았다. 이러한 가정하에 우리가 선택 전, 그리고 선택 후의 자아에게 권한을 부여한다면 테드와 조앤의 행복은 오히려 더 위축될 수 있다.

그럼에도 자기통제 문제는 대부분의 경우에 심각하고 실질적인 사안이며, 선택자도 그 사실을 인정해야 할 것이다. 방금 했던 논의는 어쩌면 테드와 조앤에게도 억지스러워 보일 수 있다. 한편으로 자기통제 문제를 해결하기 위해서는 자기만의 내비게이션이 필요하며, 그러한 점에서 항행력과 관련이 있다. 우리는 적절한 개입을 통해 사람들이 그들이 원하는 곳으로(적어도 숙고를 통해) 갈 수 있도록 도움을 줄 수 있다. 개입은 자유를 강화한다. 자기통제 문제에 직면한 선택자의 입장에서 근본적인 도전은 질적으로 고유하며(단지 정보 부족 문제가 아니다), 그들은 그 사실을 알고 있다.

사람들은 무엇을 생각하는가?

우리가 살펴본 사례에서 〈자기 판단〉 기준은 충족되었다. 그런데 사람들은 자신에게 자기통제 문제가 있다는 사실을 인식하고 있을까? 물론 이는 경험적인 질문이다. 그리고 내가 수행했던 예비 연구에 따르면, 이 실문에 대한 대답은 〈그렇다〉였다. 나는 아마존의 미캐니컬 터크Mechanical Turk라는 서비스(대규모 인구를 대상으로 온라인 설문조사를 실시하는 플랫폼)를 통해 200명의 사람에게 다음과 같이 물었다.

많은 사람은 중대하건 사소하건 간에 자신에게 자기통제 문제가 있다고 생각한다. 가령 그들은 과식을 하거나, 흡연을 하거나, 과음을 하거나, 저축을 게을

리한다. 당신에게도 그러한 자기통제 문제가 있다고 생각하는가?

이 질문에 대해 무려 70퍼센트는 그렇다고 답했다 (55퍼센트는 〈어느 정도 그렇다〉고 답한 반면, 15퍼센트는 〈대단히 그렇다〉고 답했다). 〈그렇지 않다〉고 생각하는 비중은 22퍼센트에 불과했다. 8퍼센트는 〈잘 모르겠다〉고 답했다.

물론 그것은 예비 연구에 불과했으며, 그 결과 역시 전반적인 경향만 보여 주는 것이었다. 그러나 보다 중요한 사실은 다수가 어떻게 대답했든 간에 담배나 알코올 중독에 맞서 싸우도록 도움을 주기 위해 설계된 프로그램의 높은 인기에서 알 수 있듯이, 테드와 메리의 사례는 인간의 삶의 많은 측면을 담아내고 있다는 것이다. 우리는 이러한 프로그램의 역할을 하는, 혹은 그 프로그램에서 활용하는 넛지가 〈자기 판단〉의 기준을 충족시킨다는 데 동의해야 한다. 실제로 넛지는 항행력을 높이고 자유를 강화한다.

더욱 까다로운 사례

많은 경우에서 문제는 더 복잡하다. 그것은 자유에 대한 분석 때문이다.[14] 우리는 행위자의 선호가 일관적인 사례를 상상해 볼 수 있다. 그는 시점 1에서 술을 마시길 원하고, 시점 2에서 술을 마시며, 시점 3에서 술을 마셨다는 사실에 만족한다. 반면 테드와 조앤의 사례에서는 비일관성이 드러난다. 행위자는 시점 1에서 절제를 원하지만 시점 2에서 흡연이나 음주를 하고, 시점 3에서 자신의 선택에 후회한다. 그런데 여기서 우리는 또 다른 조합을 상상해 볼 수 있다.

예를 들어 행위자가 시점 1에서 특정한 견해를 가지고 있지 않다고 해보자. 가령 어떤 사안에 대해 생각을 해본 적이 없다. 그리고 시점 2에서 선택을 내리고, 시점 3에서 후회를 한다. 다음 사례를 들여다보자.

1. 존은 만찬에 참석했다. 음식이 맛있어서 과식을 한다. 다음 날 체중계에 올라서니 1킬로그램이 늘었다. 괜히 과식을 했다는 생각이 든다. 후회가 밀려온다.

2. 에디스는 일주일간 열리는 업무 관련 컨퍼런스에 참

석한다. 그녀는 자신의 결혼생활에 만족하지만, 컨퍼런스에서 만난 찰스라는 유부남에게 매력을 느낀다. 두 사람은 짧고 열정적인 꿈같은 사랑을 나눈다. 그러나 컨퍼런스가 끝나고 집으로 돌아왔을 때, 에디스는 자신의 행동을 후회한다. 남편에게 말하지 않았지만 그 기억을 떨쳐 낼 수 없다. 그런 일을 저지르지 않았으면 하고 후회한다.

물론 두 사례는 다르다. 존의 문제는 비교적 사소한 반면, 에디스는 그렇지 않다. 그럼에도 두 사례의 구조는 동일하다. 존과 에디스 모두 유혹에 무릎을 꿇었다. 그리고 선택의 당시에는 기쁜 마음으로 행동했다. 그리고 자유롭게 선택을 내렸다. 하지만 나중에 실수를 저질렀음을 깨닫고 후회한다. 존이나 에디스가 시점 1(가령 일주일 전)에서 계획자의 위치에 있었다면, 그들은 일종의 사전 조치 전략이나 넛지를 통해 자신의 실수를 예방할 수도 있었을 것이다. 여기서 계획자는 권한과 정당성을 확보하고 있다. 그리고 계획하는 사람과 후회하는 사람이 동일 인물이라는 점에서 이들 사례는 특별하지 않다.

이러한 결론은 타당해 보인다. 앞서 언급했듯이 어쩌면 너무도 간단한 것일 수 있다. 그런데 시점 2가 아니라, 시점 1과 3에 권한이나 정당성을 부여해야 할 근거는 무엇일까? 두 시점에서 그들의 입장이 시점 2의 입장보다 더 정당하다고 말할 수 있는 근거는 무엇인가? 계획하는 사람이나 후회하는 사람을 특별하게 만들어 주는 것은 무엇인가? 존과 에디스는 아마도 선택의 시점에서 충분한 정보를 갖지 못했을 것이다. 즉, 자신의 선택이 갖는 의미를 완벽하게, 혹은 적절하게 이해하지 못했을 것이다. 그들은 미래의 자아에 비용을 전가했다. 아마도 그 비용을 무시하거나 과소평가했을 수 있다. 이는 중요한 대목이며, 일부 사례에서 선택의 시점에서 선택자에게 권한을 부여하는 것을 거부해야 할 마땅한 근거를 제시한다. 하지만 마찬가지로 시점 1과 3에서도 정보는 충분하지 못할 것이며, 적어도 시점 2의 상황을 충분히 이해하지 못할 것이다.

다시 한번, 시점 1에서 계획자는 심각한 정보 결함에 직면한 정책 결정자와 같다. 그리고 시점 2의 경험을 충분히 중요하게 여기지 않는 후회하는 자 역시 마찬가지다. 후회하는 자는 경험을 하고 난 이후에 그 경험의 가치를 과소평가할 것이다. 반면 경험하는 자아는 나중에 그 경험을 기억하게 될 자아에 별 관심이 없다. 또한 그 반대 역시 마찬가지다. 이러한 상황에서 어느 자아에게 우선권을 부여해야 할지 분명하지 않다. 여기서 결정을 내리기 위해서는 도덕적 판단이 필요하다. 혹은 장기적인 차원에서 행복의 합계를 계산해야 한다. 가령 멋진 주말이 그에 따른 몇 년의 후회를 정당화해 주지는 못할 것이다.

우리는 문제를 좀 더 복잡하게 만들 수 있다. 가령 시점 1에서 존과 에디스는 실수를 범하지 않게 자신을 막아 줄 일종의 약속 이행 장비commitment device를 선택할 수 있지만, 시점 3에서 두 사람 모두 그러한 선택을 하지 않았다는 사실에 전반적으로 만족할 수 있다. 다음 사례를 보자.

에디스는 일주일간 열리는 업무 관련 컨퍼런스에 참석했다. 그녀는 결혼생활에 만족하지만, 컨퍼런스에서 만난 찰스라는 남자에게 매력을 느낀다. 두 사람은 뜨겁고 환상적인 사랑을 나눈다. 에디스가 집으로 돌아왔을 때, 흥분감과 죄책감을 동시에 느낀다. 남편에게 이야기를 하지는 않았지만, 기억을 떨쳐 낼 수 없다. 하지만 그녀는 그런 일이 있었다는 사실에 대해 만족하고, 앞으로 자주는 아니라고 해도 일 년에, 혹은 몇 년에 한 번이라도 그 경험을 다시 할 수 있길 바란다.

다른 사례를 생각해 보자. 여기서 행위자는 약속 이행 장비를 선택하지 않았지만 중복되는 특성이 있다.

에릭은 기업 변호사다. 그는 아내를 사랑한다. 그는 벌이가 좋고 자신이 하는 일에 대단히 만족한다. 뭔가 다른 일을 하겠다는 생각은 들지 않는다. 그런데 휴가 기간에 환경 문제와 관련해서 일하는 공익 변호사 자넷을 만난다. 그녀와 함께 점심을 한 뒤 에릭은 이제 평소에 관심을 두고 있던 공익단체에서 일하고 싶은 마음이 커졌고, 지금과는 다른 길을 가기로 결심한다.

에릭은 직장을 그만두고, 자신의 선택에 만족한다.

에디스와 에릭의 사례에서 선택자가 실제로 무엇을 원하는지 물어봄으로써 질문에 답하는 것은 불가능하다. 여기서 선택자는 서로 다른 시점에 서로 다른 것을 원한다. 〈자기 판단〉이라는 기준은 애매모호하다. 어느 시점에서의 판단을 의미하는가? 나는 선택 이후의 선택자의 생각을 조사하는 과정이 필요하다고 생각한다. 하지만 선택자가 1월에 어떤 입장을, 그리고 6월에 다른 입장을 취한다면, 특별히 6월의 입장에 정당성을 부여해야 할 근거는 분명하지 않다.

내 생각에, 모든 것을 고려했을 때 무엇이 선택자의 삶을 더 행복하게 만들어 줄 것인지에 대한 판단에 대해선 특별한 종류의 외적 기준 말고는 다른 대안은 없는 듯하다. 이러한 판단은 선택과 결과에 대한 도덕적 평가를 요구한다. 그리고 이러한 평가는 개인의 행복에 대한 전체적인 고려를 요구한다. 다시 말해 시점 1과 2, 그리고 3에서 서로 다르게 생각하는 다양한 사례에서 우리는 이렇게 물어야 할 것이다. 〈장기적인 차원에서 그 사람의 행복에 대한 한 가지, 혹은 또 다른 생각을 존중하는 데 따르는 효과는 무엇인가?〉 예를 들어 에디스의 경우, 시점 2에서의 판단은 결과적으로 그녀의 삶을 망칠 것이다. 그 시점에서 그녀의 판단이 옳았다고 말할 수는 없다. 하지만 (도덕적 판단을 배제하고) 시점 2에서 에디스가 내린 선택이 그녀가 지금껏 내린 결정 중 최고의, 혹은 가장 소중한 것이었다고 생각해 볼 수도 있다. 선택의 자유에 대한 평가는 우리가 무엇을 알아야 하는지 말해 주지 않는다.

이 문제는 우리를 다음 장의 주제로 안내한다.

4장
어느 쪽이든 만족하는

많은 경우 우리는 자신이 무엇을 원하는지 안다. 여기서 질문은 자신이 원하는 것을 어떻게 얻을 것인가이다. 이는 2장의 주제였다. 그러나 다른 경우에 우리가 원하는 것은 나뉜다. 선택의 시점 이전에 원하는 것, 선택의 시점에 원하는 것, 그리고 선택의 시점 이후에 원하는 것이 서로 일치하지 않을 수 있다. 이는 3장의 주제였다.

그런데 또 다른 경우에서 사전 선호가 불분명할 수 있다. 혹은 사전 선호가 아예 존재하지 않을 수도 있다. 즉, 자신이 무엇을 원하는지 모를 수 있다. 중요한 정보가 부족할 수 있고, 또한 충분한 정보가 주어졌다고 해도 여전히 자신이 무엇을 원하는지 모를 수 있다. 어떤 사례에서는 사후 선호가 넛지에 의해 만들어지기도 한다 (유행에 민감한 마케터는 이러한 사실을 잘 안다). 여기서 우리는 〈내생적 선호endogenous preference〉, 특히 〈선택 설계에 따른, 혹은 그 결과물로서의 선호〉에 주목하고 있다. 이러한 경우에 우리는 선택의 자유를 어떻게 받아들여야 할까? 또한 〈자기 판단〉이라는 기준을 어떻게 이해하고 적용해야 할까?

생각해 보자. 여기서 나는 선호나 가치, 믿음이 사회적으로 형성되는 거대한 이론이나, 사회 규범의 기능에 관한 철학적·사회적 논의를 살펴려는 게 아니다. 여기서 핵심 주제는 다분히 구체적이고 일상적이다. 사람들의 선호와 가치, 그리고 행동은 임의규정과 같은 넛지의 결과물일 수 있다. 그리고 〈어떤 넛지가 적용되었든 간에 그들은 결과적으로 만족감을 느낄 수 있다.〉 가령 휴대전화 기본 설정에 대해 이렇게 생각할 수 있다. 〈대단해. 완벽하군!〉 그리고 정해진 설정을 바꾸지 않고 그대로 사용할 수 있다. 그러나 기본 설정이 이와 다른 형태로 구성되어 있다고 해도, 우리는 똑같이 만족할 수 있다. 우리는 선택의 자유를 그대로 유지한 채 기존 상태

에 그대로 머무르기를 선택할 수 있다. 이는 현재 상태
가 어떤 모습이어야 하는지를 결정해야 하는 이들에게
딜레마를 안겨 준다.

　일반적인 사례로 논의를 시작해 보자.

1. 조지는 환경에 관심이 많다. 동시에 돈에도 관심이 많
　다. 그는 최근에 화력 발전소에서 생산되는 전기를 사
　용하고 있다. 그는 화력 발전이 환경에 좋지 않다는
　사실을 알고 있지만, 요금이 비교적 저렴하기 때문에
　굳이 바꾸려 하지 않는다. 그는 현재 상태에 만족한
　다. 그런데 지난달부터 정부는 전력 사업자에게 자동
　가입 프로그램을 실시하도록 규제하고 있다. 이에 따
　르면 사용자가 옵트아웃*을 선택하지 않는 한, 풍력
　발전소에서 생산된 전기를 사용해야 한다. 그럴 경우
　비교적 비싼 요금을 내야 한다. 조지는 옵트아웃을 선
　택하지 않았다. 그는 지금의 자동 가입 프로그램에 만

---

　* Opt-out. 사용자가 특별한 거부 의사를 밝히지 않으면 동의로 간주하
는 방식. 정반대로 옵트인Opt-in은 사용자가 특별한 수용 의사를 밝히지 않
으면 거부로 간주하는 방식이다.

족한다.

2. 다이앤은 브론즈 등급의 의료보험에 자동 가입되어 있다. 브론즈 등급은 실버나 골드 등급보다 요금이 저렴하지만 보장 범위가 넓지 않다. 하지만 세금 공제 한도가 높다. 다이앤은 브론즈를 선호하며 다른 등급으로 바꿀 생각이 없다. 그런데 평행 세계에서(지금 세상과 비슷하지만 똑같지는 않은) 다이앤은 골드 등급의 의료보험에 자동 가입되어 있다. 골드 등급은 실버나 브론즈보다 비싸지만 보장 범위가 넓다. 반면 세금공제 한도는 낮다. 평행 세계에서 다이앤은 골드를 선호하고 다른 등급으로 바꿀 생각이 없다.

3. 토머스는 심각한 질환을 앓고 있다. 그는 수술을 고민하고 있다. 수술에는 잠재적 이익과 잠재적 위험이 따른다. 온라인으로 수술과 관련된 자료를 읽어 보지만 여전히 판단이 서질 않는다. 의사는 수술을 받지 않을 때 얼마나 많은 것을 잃어버릴지를 강조함으로써 수술을 권한다. 결국 그는 수술을 받기로 결심한다. 그런데 평행 세계에서(비슷하지만 똑같지는 않은) 의사는 수술을 받을 때 얼마나 많은 것을 잃어버릴지를 강

조함으로써 수술을 받지 말기를 권한다. 결국 그는 수술을 받지 않기로 결심한다.

공상 과학 소설 작가들은 〈평행 세계〉에 대해 이야기하는 것을 좋아한다. 이를 통해 그들은 우연한 사건이나 사소한 변화가 우리의 가정과 삶, 도시, 국가, 혹은 온 세상을 완전히 바꿔 놓을 수 있다는 사실을 말해 준다. (다시 한번 『소유』를 들여다보자. 인물들의 운명적이고 가슴 아픈 만남 이후에 등장하는 표현이다. 〈세상에는 과거에 분명히 일어난 일이지만 얘기되지도 않고 글로 기록되지도 않은 채 아무런 흔적도 남기지 않고 그냥 잊혀 버리는 일들이 있기 마련이다〉.[1]) 평행 세계에 관한 이야기는 여러 가지 측면에서 흥미롭다. 그리고 그러한 생각은 (내가 보기에) 대단히 심오하다. 그것은 우연의 편재성과 그 위력을 잘 드러내 보이기 때문이다. 우리는 (당신과 나) 지금 세계에서 행복하게 살아간다고 해도, 또 다른 세계에서도 그럴 수 있다. 자유로운 선택권이 보장된다고 해도, 평행 세계에서 우리의 선택은 지금 세계의 것과 다를 수 있다. 이러한 사실은 〈자기 판단〉이라는 기준의 입장에서 심각한 문제다. 그 기준이 특정한 해결책을 말해 주지 못한다는 뜻이기 때문이다.

역사는 오직 한 번으로 끝난다. 하지만 우리는 넛지를 통해 평행 세계를 창조할 수 있다. 위의 2, 3번 사례에서 다이앤과 토머스는 기존 선호가 없는 것으로 보인다. 그들이 선호하는 것은 기본 설정의 결과물이거나(다이앤의 경우), 혹은 프레이밍의 결과물이다(토머스의 경우). 하지만 조지의 사례는 다르다. 그에게는 기존 선호가 존재한다. 우리는 조지의 경우에는 넛지가 부적절하며 『1984』에 나오는 윈스턴 사례와 유사하다고 생각할지도 모른다. 여기서 우리는 분명한 규칙을 세워야 한다. 〈넛지가 선택자의 현재 선호와 어긋날 때, 이를 채택해서는 안 된다.〉

그런데 그 근거는 뭘까? 선택자는 어쨌든 넛지를 거부하고 자신이 원하는 길을 선택할 수 있다. 그리고 넛지를 거부하지 않은 선택자가 넛지 이후의 상황에 만족할 때, 적어도 행복의 관점에서 반론을 제기하기 힘들 것이다. 물론 자율성에 대한 우려를 제기하면서, 사람들이 현 상황에 만족하고 있다면 넛지를 통해 그러한 상황에서 벗어나도록 해서는 안 된다고 주장할 수 있다. 그러나 내 생각에, 사람들이 선택의 자유를 그대로 유지한 상태에서 사후 상황에 만족한다면(⟨자기 판단⟩) 이러한 주장을 받아들이기 힘들다. 『1984』에서 윈스턴이 처한 상황은 끔찍하다. 그는 비자유의 상태에서 위협까지 받고 있다(넛지를 넘어선 강압). 그러나 조지의 상황은 그렇지 않다.

세 가지 사례에서 확인할 수 있듯이, 여기서 나는 구체적인 문제에 집중한다. 그 문제는 이러한 것이다. ⟨사람들의 선호는 넛지의 결과물이다.⟩ 위 사례에서 행위자의 선호는 넛지에 의해 생성되었다. 그리고 넛지 이후 상황에 대해 만족하고 행복을 느낀다.

이에 대해 다양한 설명이 가능하다. 한 가지는 제안의 힘이다. 넛지는 일종의 정보적 신호(⟨브론즈가 더 낫다!⟩)를 제공하며, 사람들은 그러한 신호를 받아들인다. 다른 이유로, 학습을 들 수 있다. 사람들은 사후 상황이 좋거나, 혹은 충분히 좋다는 사실을 깨닫고 이에 만족할 수 있다. 그러나 또 다른 이유로 ⟨현재 상태 편향⟩을 들 수 있다. 사람들은 현재 상태에 머무르기를 고수하거나 선호할 수 있다.[2] 이와 관련된 이유로 인지 부조화의 완화를 들 수 있다. 사람들은 새로운 현재 상태에 만족함으로써 인지 부조화를 완화하고자 한다. 그럴 때, 〈자기 판단〉이라는 기준만으로는 충분하지 않다. 그 이유는 대체로 사람들은 불쾌하거나 참을 수 없는 경우를 제외하면 어느 쪽이든 만족하기 때문이다.

또한 우리는 사람들이 사전 선호나 가치를 갖고 있음에도 넛지가 이를 바꿀 수 있으며, 그래서 그들은 사후에도 행복하고 만족할 수 있다는 사실을 살펴봤다. 비록 그들이 앞서 넛지를 원하지 않았다고 해도 말이다. 가장 극단적인 사례는 〈중요한 결정〉[3], 혹은 〈탈바꿈의 경험〉[4]과 관련된 것이다. 여기서 행위자의 정체성과 선호, 가치는 위험에 처한다. 특정한 의사결정을 내리거나 특정 넛지에 영향을 받은 이후에, 그들의 선호와 정체성은 달라진다. 예를 들어 사람들은 연애나 결혼, 출산, 이직, 이사와 관련해서 선택을 내린다. 이러한 결정은 그들의 정체성을 변화시킨다. 『소유』에 이런 대목이 나온다. 〈이곳이 바로 저의 지나간 과거가 흘러와 머문 곳이에요. 나의 시간이 시작된 이후 지금까지. 제가 이곳에서 다시 떠나간

다면 그때는 이곳이, 이 순간이 중간점이 되겠죠. 과거의 모든 것이 흘러왔다간 다시 그 모든 것들이 떠나 버리는 중간 귀착점. 하지만 지금, 내 사랑 당신과 저는 이곳에 있어요. 그 밖의 다른 시간들은 모두 다른 곳으로 흐르고 있고요.)[5]

철학적 차원에서 탈바꿈의 경험은 종종 첫 번째 사람의 관점을 기준으로 평가된다. 당신, 혹은 나는 현재 상태와 진행되는 변화의 사이에서 어떤 선택을 내려야 하는가? 그러나 여기서 나는 좀 다른 질문을 던지고 싶다. 우리는 탈바꿈 넛지transformative nudge를 어떻게 평가해야 할까?

극단적인, 혹은 일상적인 사례에서 〈자기 판단〉이라는 기준의 적용은 그리 간단한 문제가 아니다. 사람들의 선호가 넛지의 산물일 때 자유에 대한 질문은 복잡해진다. 이러한 상황에서 선택 설계자는 그들이 항행력을 높이는 데, 혹은 단지 선택자의 사전 선호를 정당화는 데 만족할 수 없다. 그 점을 유의해서 볼 때, 만약 사람들이 더 행복하다고 느낀다면 그 기준은 충족된 셈이다. 〈자기 판단〉이라는 기준을 적용하려면, 〈다이앤과 토머스는 어떤 넛지를 받았든 간에 더 행복해졌다는 생각에 동의해야 한다). 내가 보건대 다이앤과 토머스의 경우 두 세계 사이에서 선택을 내리기 위해서는 반드시 행복에 관한 질문을 던져야만 한다. 다시 말해, 어떤 형태의 접근 방식이 사람들의 삶을 더 행복하게 만들어 주는지 물어야 한다.[6]

선택지 좁히기

이 질문은 적절한 시점에 다시 다뤄 볼 것이다. 다만 여기서는 〈자기 판단〉이라는 기준이 고유한 결과를 구체적으로 말해 주지 않는다고 해도, 선택 설계자가 할 수 있는 일의 범위를 제한한다는 점에서 여전히 의미가 있다는 사실만 언급하고 넘어가자. 항행력과 관련된 단순한 사례, 혹은 사람들이 뚜렷한 사전 선호를 갖고 있고 넛지가 그 선호를 바꾸는 사례처럼 말이다.

우리는 선택자가 기존 선호를 가지고 있지만 정보 부족이나 행동 편향 때문에 자유로운 선택에 따른 결과에 만족하지 못하는 경우를 생각해 볼 수 있다(루크와 메러디스, 리타의 사례처럼). 혹은 특정 형태의 선택 설계가 충분한 정보를 확보하고 있거나 행동 편향이 없는 사람에게 영향을 미치는 경우도 생각해 볼 수 있다. 가령 한 손님이 카페테리아에 들어서자마자 보이는 음식을 집는다. 그것은 그가 바쁘거나, 혹은 어떤 것을 고를지 결정하는 일은 그에게 가치가 없기 때문이다. 다음 사례를 생각해 보자.

조지아는 사내 카페테리아를 즐겨 찾는다. 그리고 종종 열량이 높은 음식을 먹는다. 그녀는 그런 메뉴를 대단히 즐기고, 본인도 그러한 사실을 알고 있다. 그런데 회사가 얼마 전 카페테리아 구조를 변경하면서 샐러드와 과일을 잘 보이고 쉽게 집을 수 있는 위치로 바꾸었다. 이후로 조지아는 샐러드와 과일을 종종 선택하고, 매우 즐기게 되었다.

조지아는 행동 편향으로부터 뚜렷한 어려움을 겪지 않았지만, 그럼에도 넛지로부터 영향을 받았다. 많은 일반적인 사례에서 행동 편향을 겪거나 충분한 정보를 확보하지 못한 선택자는 넛지로부터 큰 영향을 받는다. 반면 행동 편향이 작고 충분한 정보를 갖춘 선택자는 그렇지 않다. 내가 보기에, 점점 더 많은 연구 자료가 〈자기 판단〉이라는 기준의 한 가지 형태를 신중하게 거론하면서 이러한 사례를 어떻게 다뤄야 할지 모색하고 있다.[7]

조지아의 사례에서, 혹은 비슷한 모든 사례에서 그 기준은 선택 설계자를 망망대해에 내버려 두지 않는다. 조지아가 샐러드를 좋아하지 않는다면 그 기준은 충족 못할 것이다. 규범적 입장에서 볼 때, 선택 설계자가 그들이 목표로 삼는 사람들의 선호를 바꾸는 데 성공했다고 해서 넛지가 〈자기 판단〉이라는 기준을 충족시켰다고 말할 수는 없다(그것은 노예제를 향한 길인가? 소설 『1984』의 마지막에 등장하는 섬뜩한 문장을 떠올려 보자. 〈그는 자신에게 승리를 거뒀다. 그는 빅 브라더를 사랑했다〉). 그러나 우리가 사람들의 행복에 관심을 기울이는 한, 선택자가 사후에 받아들인 결과가 넛지에서 비롯된 것이라고 믿는가는 대단히 중요한 질문이다.

두 가지 접근 방식

이제 가장 거대한 질문에 주목해 보자. 두 가지 이상

의 개입이 이루어지고 나서 사람들이 행복해한다면, 선택 설계자는 어떤 개입을 채택해야 할까? 우리는 앞서 〈자기 판단〉이라는 기준이 애매모호하다는 점을 살펴봤다. 이러한 상황에서 우리는 두 가지 접근 방식을 생각해 볼 수 있다. 먼저 선택의 자유를 보호해야 한다는 점을 상기하자. 어떤 접근 방식을 선택하든 사람들이 그들 자신의 길을 자유롭게 선택하도록 허용해야 한다. 문제는 사람들이 원하는 것이 우리가 취하는 접근 방식의 결과물이라는 사실이다.

올바른 선택자 따라가기

스탠퍼드 대학교 법학과 교수 제이콥 골딘Jacob Goldin 이 내놓은 첫 번째 접근 방식은 (a) 충분한 정보를 확보하고 있고, (b) 넛지에 의해 영향을 받지 않는 사람들의 실제 선택을 물어보는 것이다.[8] 이 접근 방식에서 선택 설계자는 그러한 사람들의 선택을 따르게 된다. 선택 설계자는 스스로 의사결정을 내리지 않는다. 다만 특정한 사람(가장 신뢰할 만한 선택자)이 실제로 무엇을 선택하는지에 주목한다. 그리고 모든 사람이 똑같은 선택을 하도록 선택 설계를 마련한다. 우리는 이러한 접근 방식을 존 스튜어트 밀이 말하는 자유의 개념과 연관 지을 수 있다. 그 개념의 핵심은 선택의 자유를 존중하는 선택 설계자는 충분한 정보를 확보한 사람이 일관적으로 내리는 선택을 확인하기 위해 노력해야 한다는 것이다.

다음 경우를 생각해 보자.

거대한 선택자 집단 내부에서 한 하위 집단은 어떤 넛지를 적용받는지와 상관없이 특정 의료보험 프로그램을 선택한다. 그들은 충분한 정보를 확보하고 있다. 올바른 선택에 관심을 기울인다는 측면에서, 이들은 넛지에 대단히 민감한 사람들이나 넛지에 상관없이 사후에 만족하는 사람들과 크게 다르지 않다. 충분한 정보를 확보한 이들은 일관적으로 특정 프로그램을 선택한다. 그리고 선택 설계는 이들에게 아무런 영향을 미치지 못한다.

혹은 다음 경우를 살펴보자.

거대한 선택자 공동체 내에서 일부 구매자는 빵을 진열해 둔 위치와 상관없이 특정 유형의 빵을 선택한다. 그들은 충분한 정보를 확보하고 있다. 올바른 선택에 관심을 기울인다는 점에서 이들은 넛지에 대단히 민감한 사람들, 또는 넛지의 적용 여부와 상관없이 만족을 느끼는 공동체 내의 다른 구성원과 크게 다르지 않다.

이와 같은 사례에서 우리는 딜레마에서 벗어난 훌륭한 길, 즉 자유를 존중하고 행복을 증진시키는 길로 걸어가고 있다고 생각할 수 있다. 우리는 충분한 정보를 확보하고 일관적으로 선택을 내리는 사람을 따라야 한다! 그 이유는 그러한 선택자야말로 무엇이 가장 좋은지 이해할 수 있는 최고의 위치에 있기 때문이다. 여기서 선택 설계자는 비일관적이고 넛지에 민감하게 반응하는 사람들이 일관적이고 넛지에 민감하게 반응하지 않는 사람들의 지침을 받아들이도록 선택 설계를 구축해야 한다. 이러한 측면에서 선택 설계자는 비교적 온건한 입장을 취하게 된다. 그들은 자기 자신의 판단이 아니라,

신뢰할 만한 선택자의 판단을 기준으로 움직인다.

행복에 대한 직접적인 판단

이러한 접근 방식은 충분히 합리적인 것으로 보인다. 그러나 또 다른 접근 방식이 있다. 이는 사람들의 행복에 직접 주목하는 것이다. 이 접근 방식은 정보를 확보한 사람의 선택에 특별한 권위를 부여하지 않는다. 그 선택이 비록 자유롭고 일관적인 방식으로 이뤄졌다고 해도 말이다. 논의를 위해, 우리는 이러한 접근 방식을 위대한 공리주의 사상가 제러미 벤덤Jeremy Bentham의 접근 방식과 연관 지을 수 있다(그렇다고 해서 벤덤이 이러한 접근 방식을 받아들였을 것이라는, 혹은 행복의 기준이 엄격하게 공리주의에 기반을 두고 있어야 한다는 의미는 아니다[9]). 내가 벤덤주의 접근 방식이라고 부르는 것과 관련하여 핵심 질문은 이것이다. 〈어떤 접근 방식이 적절하게 정의된 행복을 실질적으로 높여 주는가?〉

이 접근 방식은 선택 설계자에게 보다 무거운 부담을 안긴다. 여기서 선택 설계자는 충분한 정보를 확보한 선택자의 행동을 추적하고 확인하기보다, 행복에 관한 질문을 던지고 그 대답을 구해야 한다. 그리고 까다로운 규범적·경험적 사안을 들여다봐야 한다. 특히 이러한 사안은 탈바꿈 경험의 사례에서 더욱 까다롭다. 어떠한 유형의 삶이 최고인지 물어봐야 하기 때문이다.

비교적 일상적인 사례로 눈길을 돌려 보자.

로스앤젤레스 지역 은행들은 〈당좌대월 프로그램〉 서비스를 제공한다. 이 서비스에 가입할 경우, 고객은 잔고를 초과해서 인출할 수 있다. 대신 그 초과분에 대해 높은 이자 수수료를 물게 된다. 그런데 일부 은행은 〈옵트아웃〉 제도를 실시한다. 다시 말해, 고객들을 당좌대월 프로그램에 자동 가입시키고, 대신에 프로그램 거부를 선택할 수 있도록 허용한다. 반면 또 다른 은행은 〈옵트인〉 제도를 실시한다. 이들은 고객을 자동적으로 가입시키는 것이 아니라, 이 프로그램 선택을 장려한다. 많은 고객은 일관적이고, 충분한 정보를 확보하고 있는 것으로 보인다. 그 설계가 어떠하든 간에 그들은 당좌대월 프로그램에 가입한다. 일관적인 집단과 크게 다르지 않은 다른 고객들은 넛지의 적용이 가능해 보인다. 즉, 그들의 가입 여부는 기본 설정에 달렸다.

혹은 다음 사례를 생각해 보자.

일부 고등학교 구내식당은 브라우니나 케이크, 아이스크림과 같은 맛있는 음식을 가장 잘 보이는 위치에 진열해 두고 있다. 반면 다른 고등학교의 구내식당은 과일이나 채소와 같은 몸에 좋은 음식을 잘 보이는 곳에 진열해 두고 있다. 여기서 많은 학생의 선택은 진열의 결과물이다. 즉, 학생들의 선택은 무엇을 가장 잘 보이는 곳에 진열해 놓았느냐에 달렸다. 이들 학생은 넛지의 적용이 가능하다. 넛지 가능한 집단과 크게 다르지 않은 많은 다른 학생의 선택은 일관적이며, 충분한 정보를 기반으로 이뤄진다. 이들은 진열 방식과 무관하게 가장 맛있는 음식을 선택한다.

두 사례에서 일관적인 선택자는 어쨌든 당좌대월 프로그램, 그리고 브라우니와 케이크, 아이스크림을 선택했다. 하지만 여기서 일관적인 선택자의 결정을 따르는 것이 최고의 접근 방식이라고 주장할 수는 없어 보인다. 그 이유는 선택자들이 중대한 실수를 범하고 있기 때문이다. 당좌대월 사례에서 고객은 자율적인 원칙을 세움으로써 고금리 대출 서비스를 사용하지 않을 수 있다. 그리고 구내식당 사례에서 학생들은 현재 편향으로 어려움을 겪고 있으며, 여기서 건강한 넛지는 이러한 어려움을 해결할 수 있는 좋은 대안이 된다.

여기서 가장 기본적인 질문은 밀주의Millian 접근 방식 (충분한 정보를 확보한 일관적인 선택자를 따르기), 그리고 벤덤주의 접근 방식(무엇이 사람들의 행복을 높여주는가에 대해 독립적 판단을 내리기) 사이에서 어떤 선택을 할 것인가이다. 궁극적인 기준은 인간의 행복이 가장 중요하다고 말하는 벤덤주의가 되어야 할 것으로 보이지만, 그렇다고 벤덤주의 접근 방식이 손쉬운 승리를 거둘 것이라는 뜻은 아니다.

충분한 정보를 갖춘 일관적인 선택자가 자신이 무엇을 하고 있는지 잘 알고 있다고 가정해 보자. 그리고 그들이 충분한 정보를 갖고 있고 일관적이기 때문에 정말로 그들을 신뢰할 수 있다고 제안한다고 가정해 보자. 마지막으로 어떤 접근 방식이 사람들의 행복을 높일 수 있을지 고민하는 선택 설계자가 많은 실수를 저지른다고 가정해 보자. 그들의 실수는 충분한 정보를 갖고 있지 않아서일 수도 있고, 동기가 순수하지 않아서일 수도 있다. 이러한 가정하에서는 밀의 접근 방식을 따르는 편이 더 나을 것이다.

특정 상황에서 이러한 생각은 타당하다. 하지만 모든 상황에서 그런 것은 아니다. 선택자는 충분히 정보를 확보할 수 있고 일관적인 입장을 유지할 수 있다. 그럼에도 그들은 비현실적인 낙관주의나 현재 편향과 같은 행동 편향으로 어려움을 겪을 수 있고, 그 결과 그들의 선택이 행복을 높여 주지 못할 수 있다. 반면 선택 설계자가 더 믿을 만할 수 있고 충분히 신뢰할 만할 수 있다. 그럴 때, 선택 설계자는 충분한 정보를 갖춘 일관적인 선택자의 결정을 따라서는 안 된다. 그들 자신이 더 많은 것을 알고 있기 때문이다.

이러한 측면에서 일부 사례는 비교적 일반적이다. 많은 경우에 충분한 정보가 주어져 있다. 조지와 다이앤,

그리고 토머스의 경우가 대표적이다. 일부 사례는 보다 까다롭다. 특히 대규모 집단이나 인구를 대상으로 할 때가 그렇다. 여기서 선택자는 다양한 방식으로 반응할 수 있으며, 일부는 넛지 이후에 만족감을 드러내는 반면 다른 일부는 그렇지 않을 수 있다(직장이나 주거 지역을 바꾸는 일처럼). 이제 무엇이 사람들을 행복하게 만드는지를 결정하는 과정에서 나타나는 잠재적인 어려움을 추가해 보자. 일부 방식에서는 경로 X를 따라가는 편이 더 낫다. 그러나 다른 방식에서는 경로 Y가 더 낫다. 가령 어떤 음식은 맛있지만 덜 건강하다. 어떤 일자리는 만족감은 높지만 일의 강도가 세다. 어떤 도시는 활기와 기회로 가득하지만 스트레스가 높다(항행력이 낮다). 이럴 때는 어떨까?

일단 문제를 정의하고 다양한 사실을 조합하면 답을 찾을 수 있을지 모른다. 합리적이고 사실적인 가정하에서 볼 때, 더 건강한 구내식당이 낫다. 특히 브라우니와 케이크를 정말로 좋아하는 사람들이 얼마든지 그것들을 선택할 수 있다는 사실을 강조한다면 더욱 그렇다. 인구가 다양할 때, 우리는 얼마나 많은 사람이 다양한 집단에 분포해 있는지, 그리고 그들은 특정 선택에 대해 얼마나 많은 관심을 갖고 있는지에 대해 많은 것을 알아야한다. 가령 대부분의 고객이 당좌대월 서비스를 정말로 선호하고, 이를 통해 많은 도움을 얻고 있다고 가정해보자. 그럴 때, 우리는 자동 가입 제도를 허용하고 홍보할 좋은 근거를 확보하게 된다. 반면 대부분의 고객이 당좌대월 서비스로 불이익을 겪고 있다면, 우리는 자동 가입을 금지하거나, 혹은 적어도 장려하지는 않을 것이다.

선택 설계를 구축하는 사람의 시선에서 볼 때, 일부 사례는 쉬운 반면 다른 사례는 까다롭다는 점에 주의해야 한다. 행위자의 역량을 강화하는 교육적인 넛지는 아마도 최고의 방법일 것이다.[10] 선택의 자유를 유지하는 한 위험은 훨씬 더 낮아진다. 사람들은 여전히 그들 자신의 길을 갈 수 있다.

강압

이제 우리의 마지막 주제인 강압으로 넘어가자.

부정적인 외부효과나 〈다른 사람에 대한 피해〉가 발

생할 때, 우리는 강압을 정당화할 수 있다. 하지만 그러한 경우는 여기서 제외하도록 하자. 선택의 자유는 사람들의 행복을 높이지 못할 수 있는가? 우리 모두는 때로 그렇다는 사실을 알고 있다. 사람들이 비현실적인 낙관주의나 협소한 관심 범위, 혹은 자기통제 문제로 어려움을 겪고 있고, 이로 인해 행복이 크게 위축될 때, 강압에 대한 주장이 힘을 얻게 된다. 이를 이해하기 위해 한 가지 기술적 질문에 대해 생각해 보자. 자동차 연비 기준을 의무화할 것인가? 이 질문이 지나치게 기술적으로 들린다면, 금연이나 저축을 의무화할 것인지, 복싱을 금지할 것인지, 혹은 담배와 술, 청량음료에 세금을 부과할 것인지와 같은 차원에서 생각해 볼 수 있다.

차량의 연비 기준은 공기 오염을 줄이고, 이를 통해 외부효과를 줄이는 데 기여한다. 그러나 외부효과에 대한 우선적인 대응은 명령이 아니라 교정세corrective tax를 부과하는 것이다. 어떤 경우든 공격적인 연비 기준은 높은 비용을 발생시킨다(예를 들어, 차량 가격 상승과 같은 형태로). 물론 공기 오염을 비롯한 다양한 외부효과를 줄인다는 점에서 그 이익은 상당히 높다. 그러나 적어도 미국 사회에서 이러한 이익은 최근 요구 조건(오바마 행정부가 부여했으나 트럼프 행정부는 보류한)에 따른 비용을 정당화할 수준에 크게 못 미치고 있다. 미국 정부의 주장에 의하면 규제를 정당화하는 것은 〈소비자에 대한 경제적 절약〉이다. 다시 말해 연비 기준은 소비자에게 상당한 절약 효과를 가져다주며(유류비와 시간 절약), 이는 비용을 정당화하기에 충분하다는 것이다. 그러나 소비자에 대한 경제적 절약 효과를 고려하지 않는다면, 공격적인 연비 기준은 옹호하기 힘들다. 비용이 이익을 초과하기 때문이다.[11]

그런데 소비자에 대한 이익을 반드시 고려해야 하는가? 어떤 자동차를 선호하는지에 대해 사람들 스스로 선택하도록 내버려 두면 안 되는가? 어쨌든 연비 좋은 자동차는 이미 시장에 나와 있고, 많은 소비자는 그것을 원하지 않는다. 그렇다면 왜 정부는 소비자에게 그들이 원치 않는 제품을 사도록 요구해야 하는가?

이 질문에 대한 대답이 소비자가 충분한 정보를 확보하지 못하기 때문이라면, 밀의 주장과 관련하여 자유를 보존하는 접근 방식은 간단하다. 소비자에게 돈과 시간의 절약 효과에 대해 설명하기만 하면 된다. 그러나 이러한 상황에서 그러한 넛지가 부적절한 형태로 작용할 커다란 위험이 존재한다. 세계 최고의 연비 라벨 제도를 시행한다고 해도, 많은 소비자는 차량을 구매하는 시점에 그러한 절약 효과에 대해 충분한 주의를 기울이지 않을 것이다. 그것은 소비자가 다양한 요소에 가중치를 부여하는 합리적 판단을 내리기 때문이 아니라, 단지 다른 변수에 관심을 집중하기 때문이다. 연비 좋은 자동차를 사려고 할 때, 얼마나 많은 사람이 시간 절약 효과를 고려할까?

그렇다면 적절하게 설계된 연비와 관련된 명령(단지 넛지가 아니라 강한 형태의 온정주의paternalism)이 소비자가 충분한 정보를 확보하고 관심을 기울일 때 우리가 기대할 수 있는 것과 비슷한 결과를 만들어 낼 것이다. 명령의 이익이 비용을 크게 넘어선다고 해보자. 그리고 소비자 행복의 관점에서 심각한 손실이 없다고 해보자 (예를 들어, 안전과 성능, 디자인의 질적 하락). 그렇다면 명령이 소비자를 더 행복하게 만든다고 생각할 만한 타당한 근거가 있다. 선택의 자유는 얼마든지 실패할 수 있다. 그리고 연비 좋은 자동차에 관한 질문에 그렇게 대답할 수 있다면, 사람들이 전체적으로 그들 자신의 행복을 높여 주지 못하는 선택을 내리는 다양한 사례에 대해서도 똑같이 말할 수 있을 것이다.

우리는 이러한 결론을 받아들이기에 앞서 신중해야 한다. 행동 편향은 단지 주장이 아니라 입증되어야 한다. 어쩌면 많은 소비자가 연비 좋은 자동차의 혜택에 높은 관심을 기울일지 모른다. 혹은 정부가 제시한 숫자, 그리고 예상 비용과 이익이 잘못된 것일 수 있다. 또한 소비자가 자동차에 대해 다양한 취향을 갖고 있고, 규제는 결국 많은 이들이 선호하는 특성을 지닌 자동차에 대한 소비자의 접근을 방해할 수 있다는 사실에 주의할 필요가 있다. 물론 이러한 상황에서도 행동적 시장 실패에 대한 참조를 기반으로 설계한 연비 기준에 대한 주장은 적어도 그럴듯해 보인다. 이러한 점에서 넛지(개선된 연비 라벨 형태로)와 명령(연비 기준의 형태로)은 함께 손을 잡고 갈 수 있다.

앞서 언급했듯이 우리는 이와 똑같은 분석을 많은 다양한 분야에 그대로 적용할 수 있다. 그중 한 가지로 저축과 관련된 사회보장제를 꼽을 수 있다. 이 제도는 실제로 사람들에게 저축을 강제하며, 그들이 현재 편향과 자기통제 문제를 극복할 수 있도록 도움을 주기 위해 설계된다. 그러한 사회보장제도는 선택의 자유를 허용하지 않는다. 마찬가지로 약물(코카인, 헤로인)에 대한 금지 역시 사람들의 선택이 중독으로 이어질 때 자유를 제한해야 할 특별한 근거가 마련된다는 추가적인 주장과 더불어 비슷한 맥락에서 이해할 수 있다. 또한 담배세는 간접흡연과 같은 외부효과를 줄이기 위한 노력으로 이해할 수 있다. 그러나 보다 현실적으로 보면 담배세는 일종의 내부효과, 다시 말해 흡연자가 미래 자아에 부과하는 피해를 줄이기 위한 목적이 더 크다. 청량음료에 부과하는 세금 역시 똑같은 맥락에서 이해할 수 있다. 이른바 〈개인의 내면에서 비롯되는 집단행동 문제〉(인간을 시간에 따라 확장하는 일련의 자아로 이해하는 차원에서)에 직면하여 금지와 세금은 사람들의 행복을 높이기 위한 방법으로 정당화할 수 있다.

이러한 결론은 마지막 질문을 제기한다. 우리는 언제 〈자기 판단〉이라고 하는 기준을 포기해야 할까? 앞서 살펴봤듯이 질문이 〈사람들의 판단이 사전에 항상 정당한 것인가〉라면, 그 대답은 간단하다. 그렇지 않다. 비록 자신에게 이익이 된다고 해도 사람들은 어쩌면 넛지와 명령을 환영하지 않을 것이다. 반면 질문이 〈사람들의 판단이 사후에 정당하지 않을 수 있는가〉라면, 대답은 다소 복잡해진다. 우리가 사람들의 행복에 관심을 기울인다면, 사람들이 명령과 금지를 거부한다는 사실은 대단히 중요하지만 결코 긍정적인 신호가 아니다. 자유주의 사회에서 우리는 사람들이 옳다고 가정해야 한다. 그러나 그 가정은 반박 가능하다. 어떤 문제가 심각한 피해를 수반하고 피해의 증거가 명백하다면, 우리는 〈자기 판단〉이라는 기준을 포기해야 할 것이다.

그렇다고 해도, 마지못해.

〈에덴을 지나 고독한 길로〉

선택의 자유는 소중히 여겨져야 하고, 그것만으로는 부족하다. 수많은 개입과 개혁을 통해 항행력을 뚜렷하게 높일 수 있다. 즉, 사람들이 원하는 곳으로 가도록 해주고, 각자의 취향을 충족시키고 가치를 실현하도록 도울 수 있다. 이러한 개입과 개혁은 마치 지도와 같은 기능을 한다.

사람들이 자기통제 문제를 극복하도록 도움을 주는 또 다른 개입과 개혁 역시 선택자로부터 환영을 받는다. 그러한 개입은 항행력을 강화하고 자유를 높인다. 그리고 〈자기 판단〉이라는 기준을 충족시킨다. 많은 사람이 자기통제 문제로 어려움을 겪고 있으며 그 사실을 알고 있다. 그들은 도움을 바란다. 그들은 선택의 자유를 유리한 방향으로 실행에 옮기고자 한다.

사람들은 때로 기존 선호가 없거나 애매모호하다. 넛지와 같은 개입이 새로운 선호를 생성하거나 바꿀 때, 그리고 그들이 어느 쪽이든 만족할 때, 〈자기 판단〉이라는 기준을 충족시키기란 더욱 힘들다. 그럴 때, 그 기준은 고유한 해결책을 제시하지 못한다. 그럼에도 가능한 해결책의 후보군을 좁히는 역할을 하며, 이러한 점에서 선택 설계자가 방향을 찾아가는 데 도움을 준다. 가장 까다로운 질문을 해결하기 위해서 충분한 정보를 갖춘 일관된 선택자의 행동을 살펴볼 수도 있고, 혹은 행복에 관한 질문을 직접 던질 수도 있다.

첫 번째 접근 방식은 선택자가 행동 편향으로 어려움을 겪지 않을 때, 그리고 선택 설계자를 신뢰할 수 없을 때 최선이다. 반대로 두 번째 접근 방식은 선택자가 행동 편향을 겪을 때, 그리고 선택 설계자를 신뢰할 수 있을 때 최선이다. 우리는 미래를 위해 이론은 물론 경험적인 증거에 기반을 둔 행복의 구성 요소를 모두 신중하게 고려해야 한다. 그리고 이를 위해 예술과 인문학, 사회과학, 법률, 신학에 귀를 기울여야 한다.

존 밀턴은 『실낙원』에서 유혹에 넘어가 모든 것을 잃어버리고 에덴동산에 쫓겨난 아담과 이브를 통해 자유에 관한 이야기를 했다.[1]

마땅히 눈물이 흘렀으나 이내 닦았다.
세상은 그들 앞에 펼쳐져 있었다.
거기서 그들은 쉴 곳을 찾고 신의 뜻을 따랐다.
그들은 손을 잡고 천천히 발걸음을 돌려
에덴을 지나 고독한 길로 향했다.

마지막으로 바이어트가 『소유』에서 들려준, 자유와 운 좋은 몰락, 그리고 인간만이 누릴 수 있는 기쁨에 관한 이야기를 다시 한번 곱씹어 보자.

아침이 되자 세상은 새롭고 진기한 내음으로 가득했다. 그것은 폭풍 뒤에 찾아오는 내음이었다. 푸르름의 내음, 찢긴 나뭇잎과 새어 나온 송진의 내음, 부러진 나무와 흩뿌려진 수액의 내음, 썩은 사과에서 풍기

는 듯한 시큼한 내음, 죽음과 파괴의 내음이자 신선함
과 활기와 희망의 내음이었다.

감사의 말

2018년 영광스럽게도 홀베르그상을 받았다. 이 책은 그해 6월 6일 노르웨이 베르겐에서 있었던 홀베르그 강연에 기반을 둔 것이다. 이 자리를 빌려 홀베르그 위원회의 관대함과 친절함에 대해, 그리고 그 자리를 함께했던 참석자 모두에게 감사의 말씀을 전할 수 있어 기쁘게 생각한다. 특히 나를 초대해 준 엘런 모르텐슨, 올레 안드레아스 샌드모, 솔베이 스톤스에게 고마운 마음을 전한다.

제이콥 골딘, 스티븐 그린블래트, L. A. 폴, 루시아 라이시, 엘다 샤피르는 초고를 읽고 소중한 조언을 해줬다. 그리고 바야 바힐렐과는 항행력이라는 주제를 놓고

의미 있는 토론을 나눌 수 있었다. 또한 앤드루 하인리히, 매들린 조지프, 코디 웨스트팔은 훌륭한 조언과 함께 연구 과정 전반에 걸쳐 많은 도움을 줬다. 편집자 에릭 크래언은 값진 지침을, 그리고 에이전트 새러 칼판트는 아이디어와 지원을 아끼지 않았다. 일부 내용은 많은 도움을 받았던 채플힐의 노스캐롤라이나 대학의 철학부에서 빌려 온 것이다.

의사결정을 주제로 함께 연구를 추진했던 고 에드나 울럼마갈리트, 그리고 넛지에 관한 모든 것을 함께한 공저자 리처드 탈러에게 특별한 감사를 표한다.

이 책의 일부 내용은 내 전작 *Better off, as Judged by Themselves*(2018)에 기반을 둔 것이다. 마지막으로 이 책의 출발점이 되었던 문제를 제기한 로버트 서그던에게 감사의 말씀을 전한다.

주

들어가며

1. Shahram Heshmat, *Addiction: A Behavioral Economic Perspective* (New York: Routledge, 2015); Nick Heather and Gabriel Segal, eds. *Addiction and Choice: Rethinking the Relationship* (New York: Oxford University Press, 2017).

2. Genesis 3:6. A superb treatment is Stephen Greenblatt, *The Rise and Fall of Adam and Eve* (New York: W. W. Norton, 2017).

3. A. S. Byatt, *Possession* (New York: Vintage, 1990), 551.

4. John Stuart Mill, *On Liberty* (New York: Dover Thrift Editions, 2002). 세심한 최근 논의는 다음을 참고하라. Douglas Bern heim, "The Good, the Bad, and the Ugly: A Unified Approach to Behavioral Welfare Economics," 7 *Journal of Benefit‑Cost Analysis* 12, no. 1 (2016): 1-57. 여기서 언급한 자유주의 철학 전통에는 아주 많은 사상가가 포함되며, 정치적으로 보수적인 인물도 들어 있다. 대표적인 보수적 사상가 밀의 주장은 다음에서 찾아볼 수 있다. James Fitzjames Stephen, *Liberty, Equality, Fraternity* (London: Smith, Elder & Co.; 1874; Ann Arbor, MI: Liberty Fund, 1993). 나는 항행력의 핵심을 강조하면서 자유의 정의와

관련된 개념적 문제들을 하나로 묶고, (바라건대) 광범위하게 공유된 이해를 기반으로 삼고 있다.

5. Richard H. Thaler and Cass R. Sunstein, *Nudge: Improving Decisions about Health, Wealth, and Happiness* (New York: Penguin, 2009), 5. 꼼꼼히 들여다볼 가치는 있지만, 내가 전적으로 동의하지는 않는 교육적 논의는 다음을 참조하라. B. Douglas Bernheim and Dmitry Taubinsky, "Behavioral Public Economics," NBER Working Paper No. 24828, National Bureau of Economic Research, Cambridge, MA, July 2018, available at http://www.nber.org/papers/w24828.

6. 반론은 다음을 참조하라. Sarah Conly, *Against Autonomy* (New York: Cambridge University Press, 2011).

1장 도대체 물이 뭐예요?

1. "David Foster Wallace, In His Own Words," *The Economist*, 1843, https://www.1843magazine.com/story/david-foster-wallace-in-his-own-words.

2. Meghan R. Busse et al., *Projection Bias in the Car and Housing Markets*, NBER Working Paper No. 1821212, National Bureau of Economic Research, Cambridge, MA, July 2012, http://www.nber.org/papers/w18212.

3. Gregory Martin and Ali Yurukoglu, "Bias in Cable News: Persuasion and Polarization," *American Economic Review* 107, no. 9 (2017): 2565-2599.

4. Steve Krug, *Don't Make Me Think, Revisited: A Common Sense Approach to Web and Mobile Usability* (San Francisco: New Riders, 2014).

5. Mark Whitehead, Rhys Jones, Rachel Lilley, Jessica Pykett, and Rachel Howell, *Neuroliberalism* (New York: Routledge, 2018); David Halpern, *Inside the Nudge Unit* (London: W. H. Allen, 2015); Cass R. Sunstein, *Simpler: The Future of Government* (New York: Simon & Schuster, 2013).

6. Raj Chetty, John N. Friedman, Søren Leth-Petersen, Torben Heien Nielsen, and Tore Olsen, "Active vs. Passive Decisions and Crowd out in Retirement Savings Accounts: Evidence from Denmark," *Quarterly Journal of Economics* 129, no. 3 (2014): 1141-1219; Richard H. Thaler, "Much Ado About Nudging," Behavioral Public Policy Blog (June 2, 2017), https://bppblog.com/2017/06/02/much-ado-about-nudging/.

7. Sumit Agarwal, Souphala, Chomsisengphet, Neale Mahoney, and Johannes Stroebel, "Regulating Consumer Financial Products: Evidence from Credit Cards," *Quarterly Journal of Economic* 130, no. 1 (2014): 111.

8. Friedrich Hayek, *The Road to Serfdom* (London: Routledge Press, 1944): 38-39.

9. Schlomo Benartzi et al., "Should Governments Invest More in Nudging?" *Psychological Science* 28, no. 8 (2017): 1041-1055.

10. Richard H. Thaler & Cass R. Sunstein, *Nudge: Improving Decisions about Health, Wealth, and Happiness* (New York: Penguin Group, 2009), 5 (italics in original).

11. John Stuart Mill, *On Liberty* 8 (New York: Dover Thrift Editions, 2002) (1859). 도움이 되는 토론을 위해서는 다음을 보라. B. Douglas Bernheim, "The Good, the Bad, and the Ugly: A Unified Approach to Behavioral Welfare Economics," *Journal of Benefit-Cost Analysis* 7, no. 1 (2016): 1-57.

12. Friedrich Hayek, *The Collected Works of F. A. Hayek*, Vol. 15: *The Market and Other Orders*, ed. Bruce Caldwell (Chicago: University of Chicago Press, 2014), 384. 이 주장과 밀의 주장에 대한 질문은 다음을 참조하라. Sarah Conly, *Against Autonomy* (New York: Cambridge University Press, 2011); Cass R. Sunstein, *Why Nudge?* (New Haven, CT: Yale University Press, 2015). 이들 질문은 여기서 함께 다루고 있다.

13. Cass R. Sunstein, *The Ethics of Influence* (New York: Cambridge University Press. 2016); George Akerlof and Robert Shiller, *Phishing for Phools* (Princeton: Princeton University Press, 2015).

14. 사람들의 행복을 높여 준다면, 그리고 그들이 결과에 만족한다면, 조작에 반대해야 할 것인가에 관한 몇 가지 질문들을 하나로 묶어서 다루고 있다. 관련 논의는 다음을 참조하라. Jonathan Baron, "A Welfarist Approach to Manipulation," *Journal of Marketing Behavior* 1, no. 3-4 (2016): 283-291.

15. 역량이 감소하는 사례에 대해서도 생각해 볼 수 있다. 가령 정신적, 육체적 역량이 떨어졌음에도 이러저러한 이유로 더 행복해졌다고 믿는 경우를 떠올려 보자. 우리는 그러한 판단이 타당하다고 볼 수 없다. 여기서는 이 문제를 구체적으로 다루지 않았다. 그 이유는 사람들의 역량을 위축시키는 넛지를 발견하기가 쉽지 않기 때문이다.

16. Aldous Huxley, *Brave New World* (London: Chatto & Windus, 1932), xii.

17. Aldous Huxley, 같은 책, 163면.

18. 같은 책.

2장 항행력

1. Jim Bennett, *Navigation: A Very Short Introduction* (Oxford: Oxford University Press, 2017), 1.

2. Susan Parker, "Esther Duflo Explains Why She Believes Randomized Control Trials Are So Important," Center for Effective Philanthropy, June 23, 2011, http://cep.org/esther-duflo-explains-why-she-believes-randomized-controlled-trials-are-so-vital/.

3. Louise Locock et al., "Using a National Narrative of Patient Experience to Promote Local Patient Centered Quality Improvement: An Ethnographic Process Evaluation of 'Accelerated' Experience-Based Co-Design," *Journal of Health Service Research & Policy* 19, no. 4 (2014): 200-207.

4. Elizabeth Emens, *Life Admin* (Boston: Houghton Mifflin Harcourt, 2019).

3장 자기통제

1. Franz Kafka, "Reflections on Sin, Pain, Hope and the True Way," in *The Great Wall of China: Stories and Reflections* (New York: Schoken, 1970), 87.

2. Heather and Segal, eds., *Addiction and Choice: Rethinking the Relationship*.

3. Benjamin Rush, *Medical Inquiries and Observations, Upon A Disease of the Mind* (1812).

4. Daniel Kahneman, *Thinking, Fast and Slow* (New York: Farrar, Strauss and Giroux, 2011).

5. Byatt, *Possession*, 546.

6. Jalie A. Tucker et al., "Role of Choice Biases and Choice Architecture in Behavioral Economic Strategies to Reduce Addictive Behaviors," in Heather and Segal, eds., *Addiction and Choice*, 346-364, at 351.

7. Russell Brand, "My Life without Drugs," *The Guardian*, March 9, 2013, https://www.theguardian.com/culture/2013/mar/09/russell-brand-life-without-drugs.

8. Stevie Nicks: "I Used to Carry a Gram of Cocaine in My Boot," YouTube, https://www.youtube.com/watch?v=7GVZYLC2y-M.

9. "Heroin Addicts Speak," *National Geographic*, https://www.youtube.com/watch?v=kOPOK24g9Cc.

10. 알코올 치료법의 활용과 관련된 10년간의 연구에 따르면, 중독자가 도움을 구하지 않는 일반적인 이유는 〈누군가 도움을 줄 것이라 기대하지 않기 때문〉이었다. K. G. Chartier et al., "A 10-Year Study of Factors Associated with Alcohol Treatment Use and Non-Use in a U.S. Population Sample," *Drug and Alcohol Dependence* 160 (2016): 205-211.

11. Heshmat, *Addiction*, at 239-259; James G. Murphy et al., "Behavioral Economics as a Framework for Brief Motivational Interventions to Reduce Addictive Behaviors," in Heather and Segal,

eds., *Addiction and Choice*, 325-345.

12. Beth Burgess, "The Blindfold of Addiction," in Heather and Segal, eds., *Addiction and Choice*, 307-324, at 307. 중독과 자유, 선택에 관한 도움이 될 만한 논의는 다음을 참조하라. Nick Heather, "Addiction as a Form of Akrasia," in Heather and Segal, eds., *Addiction and Choice*, 133-150, at 133.

13. 프리드리히 하이에크의 주장에 따르면, 사회주의 계획자는 시장 가격에 반영되어 나타나는 분산된 정보를 결코 확보할 수 없다. Friedrich Hayek, "The Uses of Knowledge in Society," *American Economic Review 35*, no. 4 (1945): 519-530. 나는 여기서 비유를 들고 있다. 시점 1의 계획자는 시점 2에서 행위자가 갖고 있는 정보를 누락하고 있다.

14. Daniel Read, "Which Side Are You On? The Ethics of Self-Command," *Journal of Economic Psychology* 27, no. 5 (2006): 681-693.

4장 어느 쪽이든 만족하는

1. Byatt, *Possession*, 552.

2. William Samuelson and Richard Zeckhauser, "Status Quo Bias in Decision Making," *Journal of Risk & Uncertainty* 1 (1988): 7-59.

3. Edna Ullmann-Margalit, *Normal Rationality*, ed. Cass R. Sunstein and Avishai Margalit (Oxford: Oxford University Press, 2017).

4. L. A. Paul, *Transformative Experience* (Oxford: Oxford University Press, 2015).

5. Byatt, *Possession*, at 309.

6 이러한 측면에서 나는 울만마갈리트와 폴의 입장에 동의하지 않는다. 이들은 이러한 방식으로 질문에 접근하지 않고, 내가 여기서 다루는 사례의 하위집합에 대해 이야기하고 있다. 간단하게 말해서, 울만마갈리트는 사람들이 그냥 〈선택〉한다는 흥미로운 주장을 내놓고 있다. 이는 사람들이 명백한 근거 없이 의사결정을 내린다는 뜻이다. 폴은 새로운 경험의 중요성을 지적한다. 반면 나는 일관적으로 행복주의에 기반을 두고 있다. 여기서 그들의 열띤 논의를 충분히 다룰 수 없다는 점을 잘 알고 있다.

7. Jacob Goldin, "Which Way to Nudge? Uncovering Preferences in the Behavioral Age," *Yale Law Journal* 125, no. 1 (2015): 1-325, at 226; Jacob Goldin and Nicholas Law-son, "Defaults, Mandates, and Taxes: Policy Design with Active and Passive Decision-Makers," *American Law and Economics Review* 18, no. 2 (2016): 438-462.

8. Jacob Goldin, "Libertarian Quasi-Paternalism," *Missouri Law Review* 82 (2017): 669-682.

9. 행복주의에 관한 다양한 논의는 다음을 참조하라. Matthew Adler, *Welfare and Fair Distribution: Beyond Cost-Benefit Analysis* (New York: Oxford University Press, 2011).

10. Cass R. Sunstein, "Default Rules Are Better than Active Choosing (Often)," *Trends in Cognitive Science* 21, no. 8 (2017): 600-606.

11. Hunt Allcott and Cass R. Sunstein, Regulating Internalities, *Journal of Policy Analysis and Management* 34, no. 3 (2015): 698-705.

에필로그

1. 훌륭한 논의는 다음을 참조하라. Stephen Greenblatt, *The Rise and Fall of Adam and Eve* (2017), chapter 11.

옮긴이 **박세연** 고려대학교 철학과를 졸업하고 글로벌 IT기업에서 10년간 마케터와 브랜드 매너저로 일했다. 현재 전문번역가로 활동하면서 번역가 모임인 〈번역인〉 공동 대표를 맡고 있다. 옮긴 책으로 『죽음이란 무엇인가』, 『플루토크라트』, 『이카루스 이야기』, 『디퍼런트』, 『더 나은 세상』, 『OKR』, 『어떻게 민주주의는 무너지는가』, 『실리콘밸리의 팀장들』, 『슈퍼 펌프드』, 『행동경제학』, 『변화는 어떻게 촉발되는가』, 『불만 시대의 자본주의』, 『독일은 왜 잘하는가』 등이 있다.

항행력

발행일 **2022년 8월 10일 초판 1쇄**

지은이 **캐스 R. 선스타인**
옮긴이 **박세연**
발행인 **홍예빈·홍유진**
발행처 **주식회사 열린책들**

경기도 파주시 문발로 253 파주출판도시
전화 031-955-4000 팩스 031-955-4004
www.openbooks.co.kr